电商直播轻松学系列

直播
策划与运营
从入门到精通

直播商学院 / 编著

·北京·

内容简介

《直播策划与运营从入门到精通》主要介绍直播策划和运营的实战技巧，帮助读者从直播入门到完全胜任直播的各岗位，本书分两篇进行讲解。

一是策划篇，主要介绍直播的前期准备工作，包括直播标题、直播脚本的撰写技巧，直播整个工作流程的规划以及有关直播表达技巧。二是运营篇，主要介绍主播运营、流量运营、粉丝运营和推广运营4个模块的内容，以及直播变现的方法，帮助大家收获流量红利。

本书适合对直播感兴趣的读者，特别是直播策划者、运营者和管理者等，也可作为大专院校相关专业的教材。

图书在版编目（CIP）数据

直播策划与运营从入门到精通/直播商学院编著.—北京：化学工业出版社，2021.4（2023.10重印）
（电商直播轻松学系列）
ISBN 978-7-122-38604-5

Ⅰ.①直… Ⅱ.①直… Ⅲ.①网络营销 Ⅳ.①F713.365.2

中国版本图书馆CIP数据核字（2021）第035578号

责任编辑：刘　丹
责任校对：边　涛
装帧设计：王晓宇

出版发行：化学工业出版社
　　　　（北京市东城区青年湖南街13号　邮政编码100011）
印　　装：涿州市般润文化传播有限公司
710mm×1000mm　1/16　印张15$\frac{3}{4}$　字数275千字
2023年10月北京第1版第3次印刷

购书咨询：010-64518888
售后服务：010-64518899
网　　址：http://www.cip.com.cn
凡购买本书，如有缺损质量问题，本社销售中心负责调换。

定　　价：68.00元　　　　　　　　　　版权所有　违者必究

2016年被称为直播元年,发展至今,整个行业的商业链越来越成熟,所涉及的领域越来越广泛,如电商、游戏、教育、生活等,技术也越来越先进。随着5G的发展,国内逐渐进入"全民直播"的时代,各种直播平台如雨后春笋般涌现,人们也都热衷于利用碎片化时间来"刷"直播。

移动通信技术的进步和移动设备的普及给直播行业的发展提供了条件,使得直播的门槛和难度大大降低。如今,只需要一部手机就可以进行直播,十分方便快捷,一般人也都是用手机观看直播的。当然,手机相对于电脑而言,功能毕竟没有那么全面和强大,所以要想进行专业的直播,提升自己的直播效果,还是电脑等设备效果更好。

直播带动了各行各业的发展,也给普通人提供了一个展示自己的机会,如电商平台的直播带货、在线教育的直播课程等。人们从中看到了直播这种模式所蕴含的巨大商机以及早期运营者从直播中获得的优势地位和大量利益。所以,这也是为什么越来越多的人想做主播或从事与直播相关工作的原因。当然,也有一部分人直播纯粹是因为兴趣爱好。直播本身能给主播带来巨大的流量,我们可以把这些流量进行转化变现,从而带来收益。

本书是一本集直播策划和运营于一体的书,从这两个方面来教大家如何做好直播工作。策划部分包括前期策划、标题策划、内容策划、脚本策划和话术策划。运营部分包括主播运营、流量运营、粉丝运营、推广运营以及变现运营。

通过这本书的学习,希望读者可以轻松掌握直播策划和运营的知识和技能,胜任直播的相关工作。最后,希望大家不断地学习各种技能和知识,充实和提升自己,厚积薄发,然后惊艳所有人!

本书由直播商学院编著,对李想、胡杨等人在编写过程中提供的帮助表示感谢。由于笔者知识水平有限,书中难免有疏漏之处,恳请广大读者批评、指正,沟通和交流请联系微信:2633228153。

编著者

策划篇

第1章 前期规划：直播间的搭建技巧

002

- 1.1 入门：快速了解直播基础 / 002
  - 1.1.1 社交：视频直播更加灵活 / 003
  - 1.1.2 娱乐：一种新的营销方式 / 004
  - 1.1.3 信息：传播媒介直观新颖 / 004
- 1.2 装备：助力主播开播效果 / 006
  - 1.2.1 镜头：直播的摄像头类型 / 006
  - 1.2.2 灯光：打造漂亮的直播环境 / 008
  - 1.2.3 声卡：提升直播间的音效 / 009
  - 1.2.4 话筒：直播麦克风的选择 / 011
  - 1.2.5 主要：电脑和手机的选购 / 013
  - 1.2.6 其他：直播间的补充设备 / 016
- 1.3 房间：直播间的装修布置 / 018
  - 1.3.1 背景：设计合适风格的墙布 / 018
  - 1.3.2 陈设：产品摆放整齐有序 / 019
  - 1.3.3 地面：铺设吸音地毯降音 / 021

2.1 思路：展现特色直播标题 / 022
    2.1.1 经验：通过分享吸引用户 / 022
    2.1.2 讲解：利用专家权威身份 / 023
    2.1.3 疑问：提供问题解决方案 / 024
    2.1.4 数量：增强视觉冲击力度 / 026
    2.1.5 总结：提升直播影响范围 / 027
    2.1.6 比对：突出产品优势 / 028
    2.1.7 流行语：提高直播间人气 / 029

2.2 命名：帮助提高直播热度 / 029
    2.2.1 热词：吸引用户的注意力 / 030
    2.2.2 借势：强化传播影响力 / 034
    2.2.3 数字：增强标题说服力 / 036
    2.2.4 提问：巧妙引起用户兴趣 / 039
    2.2.5 语言：提升直播标题创意 / 042

第 2 章
标题策划：
提高直播间点击量

022

第 3 章
内容策划：打造出爆款直播间

3.1 形式：8种直播类型 / 045
    3.1.1 秀场：通过才艺展现自我 / 045
    3.1.2 活动：策划宣传扩大影响 / 046
    3.1.3 体育：提供精彩赛事观看 / 046
    3.1.4 游戏：秀出高超竞技操作 / 047
    3.1.5 生活：分享日常动态点滴 / 048
    3.1.6 教育：利用知识吸引用户 / 049
    3.1.7 二次元：独特ACG文化 / 050
    3.1.8 脱口秀：幽默搞笑的节目 / 051

3.2 内容：打造优质火热直播 / 052
    3.2.1 封面：用吸引眼球的图片 / 052
    3.2.2 包装：增加直播的曝光度 / 054
    3.2.3 故事：营造画面，打动人心 / 056
    3.2.4 亮点：直播内容要有侧重 / 056
    3.2.5 创新：利用技术升级直播 / 056
    3.2.6 创意：注重直播内容创新 / 057

3.3 特质：打造差异化的运营 / 058
    3.3.1 情感：带动情绪，引起共鸣 / 058
    3.3.2 粉丝：流量获取，运营变现 / 059

3.4 来源：直播内容3种模式 / 061
    3.4.1 PGC：专业生产内容模式 / 063
    3.4.2 BGC：品牌生产内容模式 / 064
    3.4.3 UGC：用户生产内容模式 / 065

3.5 营销：直播文案写作技巧 / 066

第4章 脚本策划：让直播间步入正轨

069

- 4.1 **脚本：5个直播核心要素** / 069
  - 4.1.1 主题：确定好直播的方向 / 071
  - 4.1.2 节奏：做好直播现场控制 / 073
  - 4.1.3 分工：调度安排好直播人员 / 075
  - 4.1.4 预算：控制直播成本 / 076
  - 4.1.5 互动：合理安排活动环节 / 076
- 4.2 **模板：4种直播脚本类型** / 076
  - 4.2.1 大纲：规划直播脚本 / 076
  - 4.2.2 活动：利用优惠折扣促销 / 077
  - 4.2.3 单品：介绍产品卖点利益 / 078
  - 4.2.4 整场：编排直播流程环节 / 079
- 4.3 **流程：梳理直播流程步骤** / 080
  - 4.3.1 预热：进行直播的开场白 / 080
  - 4.3.2 引出：切入话题，调动情绪 / 080
  - 4.3.3 介绍：突出产品亮点优势 / 081
  - 4.3.4 互动：利用福利留住粉丝 / 081
  - 4.3.5 结束：引导关注，进行预告 / 082
  - 4.3.6 复盘：做好直播收尾工作 / 082
- 4.4 **案例：脚本策划实战演练** / 082
- 4.5 **策划：执行好直播的活动** / 084
  - 4.5.1 模板：直播活动方案内容 / 084
  - 4.5.2 开始：开场的要素和形式 / 085
  - 4.5.3 活跃：5种直播互动玩法 / 086

第5章
话术策划：告别尬聊，活跃气氛

088

- 5.1 聊天：与粉丝积极地互动 / 088
  - 5.1.1 语言：提升主播口才 / 089
  - 5.1.2 幽默：制造直播轻松氛围 / 092
  - 5.1.3 应对：强化随机应变能力 / 094
  - 5.1.4 心态：随时感谢粉丝观众 / 096
  - 5.1.5 乐观：保持良好直播心态 / 097
  - 5.1.6 换位：站在他人角度思考 / 097
  - 5.1.7 低调：始终保持谦虚礼貌 / 098
  - 5.1.8 尺度：说话要把握好分寸 / 099
  - 5.1.9 切入：6个方法寻找话题 / 100
  - 5.1.10 培养：个性化的语言风格 / 100

- 5.2 销售：提高主播变现能力 / 101
  - 5.2.1 提问：抓住用户需求痛点 / 101
  - 5.2.2 夸张：放大问题的严重性 / 101
  - 5.2.3 引入：推荐产品，解决问题 / 101
  - 5.2.4 提升：为产品增加附加值 / 102
  - 5.2.5 降低：攻破粉丝心理防线 / 103

- 5.3 模板：新主播的必备话术 / 103
  - 5.3.1 介绍：营造场景身临其境 / 104
  - 5.3.2 赞美：将欲取之，必先予之 / 105
  - 5.3.3 强调：反复说明，加深印象 / 105
  - 5.3.4 示范：把产品展示给用户 / 105
  - 5.3.5 限时：让用户感到紧迫感 / 106
  - 5.3.6 解答：直播带货常见提问 / 108

运营篇

第6章 主播运营：打造培养成为网红

112

6.1 选择：掌握主播方式类型 / 112
    6.1.1 个人：选择自己擅长领域 / 113
    6.1.2 机构：生产优质直播内容 / 114
    6.1.3 团队：打造优秀直播队伍 / 115

6.2 技能：全面提升主播能力 / 116
    6.2.1 态度：真诚对待粉丝 / 116
    6.2.2 才艺：琴棋书画样样精通 / 117
    6.2.3 导向：深挖粉丝痛点 / 119
    6.2.4 专业：垂直领域输出内容 / 120
    6.2.5 数据：通过分析优化决策 / 121
    6.2.6 平台：提高直播运营能力 / 126
    6.2.7 支持：建立完整的供应链 / 127
    6.2.8 留存：做好粉丝运营管理 / 127
    6.2.9 创作：不断输出优质内容 / 129
    6.2.10 应变：锻炼心理素质能力 / 129
    6.2.11 调节：营造良好的直播氛围 / 130
    6.2.12 提炼：打造主播个人特色 / 130

6.3 人设：塑造主播人格魅力 / 132
    6.3.1 科普：人设定义及作用 / 132
    6.3.2 塑造：建立人设的5个方面 / 133

6.4 形象：给人留下良好印象 / 135
    6.4.1 装束：选择合适的直播服装 / 135

6.4.2 美妆：主播化妆方法和步骤 / 136
6.4.3 角度：不同直播方位展示 / 138
6.4.4 气质：精神面貌非常重要 / 139

6.5 树立：打造主播个人IP / 139
6.5.1 IP：增加品牌影响力 / 140
6.5.2 性质：主播7种IP属性 / 144
6.5.3 输出：打造IP的产业链 / 150

6.6 预备：做好运营准备工作 / 152
6.6.1 模块：直播运营3大板块 / 152
6.6.2 注意：避免直播常见错误 / 153

第7章 流量运营：快速获取直播粉丝

7.1 预告：在直播前进行预热 / 155
7.1.1 时间：选择合适的时间段 / 156
7.1.2 封面：做到图片清晰美观 / 157
7.1.3 标题：围绕侧重点来撰写 / 158
7.1.4 标签：设置精准增加推荐 / 159
7.1.5 地点：选择独特直播位置 / 160
7.1.6 宝贝：直播商品选择技巧 / 161

7.2 吸粉：多种直播推广模式 / 162
7.2.1 社交：最便捷的直播推广 / 162
7.2.2 店铺：通过微淘站内拉新 / 166
7.2.3 口碑：低成本的高效推广 / 168
7.2.4 联盟：多个平台共同推广 / 169
7.2.5 地推：传统营销推广方式 / 170

7.3 推广：联合多个平台引流 / 171
    7.3.1 公众号：内容直达用户粉丝 / 171
    7.3.2 QQ：营销推广必争之地 / 173
    7.3.3 软文：引流成本低、效果大 / 177
    7.3.4 论坛：通过发帖吸引流量 / 178
    7.3.5 借势：通过造势扩大影响 / 179

第 8 章 粉丝运营：沉淀用户，打造铁粉

8.1 运营：打造粉丝私域流量 / 180
    8.1.1 私域：汇聚众多直播粉丝 / 180
    8.1.2 公域：获得更多曝光机会 / 181
    8.1.3 转化：将用户转化为粉丝 / 182
    8.1.4 沉淀：粉丝的可持续变现 / 183

8.2 巩固：实现粉丝持续经营 / 183
    8.2.1 吸睛：通过人设吸引粉丝 / 183
    8.2.2 个性：通过语言吸引粉丝 / 184
    8.2.3 互关：有效增强粉丝黏性 / 185
    8.2.4 挖掘：满足粉丝痛点 / 185
    8.2.5 事件：将产品与热点结合 / 187

8.3 互动：提高直播主播人气 / 188
    8.3.1 规则：了解政策提升效果 / 100
    8.3.2 掌握：提高直播人气技巧 / 189
    8.3.3 分类：细化标签打造差异 / 190
    8.3.4 推荐：以人为中心的服务 / 193

第9章 推广运营：快速提升产品人气

- 9.1 过程：图解直播营销步骤 / 196
- 9.2 基础：了解直播营销内容 / 197
  - 9.2.1 优势：直播营销优点突出 / 198
  - 9.2.2 竞争：增强竞争力的方法 / 200
  - 9.2.3 结合：呈现产品实体组成 / 201
  - 9.2.4 展示：突出产品使用效果 / 202
- 9.3 类型：网络直播营销种类 / 203
- 9.4 方式：直播营销6种玩法 / 206
  - 9.4.1 外观：颜值即生产力 / 207
  - 9.4.2 才艺：通过表演吸引眼球 / 207
  - 9.4.3 明星：自带影响力和流量 / 207
  - 9.4.4 利他：分享知识方法和技巧 / 207
  - 9.4.5 限定：饥饿营销制造紧迫感 / 208
  - 9.4.6 参照：通过对比显出差异 / 209
- 9.5 模式：对直播营销的探索 / 211
  - 9.5.1 教育：通过公开课来吸引 / 211
  - 9.5.2 素人：普通人的直播方式 / 213
  - 9.5.3 垂直：从娱乐化到专业化 / 213
- 9.6 推广：直播营销技巧方法 / 213
  - 9.6.1 要素：营销方案的5大要点 / 214
  - 9.6.2 规划：执行直播营销方案 / 215
  - 9.6.3 引流：直播宣传的5种方法 / 216

第 10 章
变现运营：多元化的盈利模式
219

- 10.1 变现：13种直播盈利方式 / 219
  - 10.1.1 打赏：通过粉丝送礼获益 / 220
  - 10.1.2 电商：利用主播带货变现 / 222
  - 10.1.3 广告：通过植入产品变现 / 223
  - 10.1.4 会员：通过卖VIP变现 / 225
  - 10.1.5 付费：通过出售内容变现 / 227
  - 10.1.6 道具：游戏装备购买变现 / 230
  - 10.1.7 著作：出售版权获取收入 / 232
  - 10.1.8 赞助：企业平台联合直播 / 233
  - 10.1.9 IP：建立个人品牌变现 / 233
  - 10.1.10 卖货：通过带货实现变现 / 234
  - 10.1.11 签约：依靠MCN盈利 / 235
  - 10.1.12 分成：完成任务领取收益 / 236
  - 10.1.13 代言：推广企业品牌产品 / 237
- 10.2 策略：直播变现细节技巧 / 237

策划篇

第1章

前期规划：
直播间的搭建技巧

在进行直播的运营和策划之前，我们需要对直播这个行业有所了解，然后选择和购买合适的直播设备，对直播间进行一番装修和布置，为正式开播做好准备。

本章主要带大家快速了解直播的一些入门知识，以及直播硬件的准备和直播间的装修布置工作。

1.1 入门：快速了解直播基础

随着互联网日新月异的发展，各式各样的直播平台如雨后春笋般兴起。无论是网红明星，还是普通人，都多多少少接触过直播。各大企业、行业巨头也都瞄准了这个具有无限潜力和商机的行业，相继推出直播平台。

那么，直播是什么？虽然每个人都在享受直播带来的快乐，但它究竟代表了什么？层出不穷的直播平台为什么会相继成功？为什么会有那么多的公司将营销与直播相结合呢？下面从3个方面来为大家进行解答。

1.1.1 社交：视频直播更加灵活

在社交平台稳步发展的今天，微信、微博、QQ已经不能完全满足人们的社交需求，从过去的文字、图片、语音等社交形式可以看出，这些静态、单一的互动已慢慢被用户厌倦，用户期待更加灵活、直接的社交模式。于是，视频社交应运而生。图1-1所示为微信中的视频社交功能——视频号。

图1-1 微信视频号

在视频直播平台中，用户与主播、用户与用户之间更容易拉近距离，相互之间的交流也更加自由和灵活。

以前想要快速成为明星一般是通过电视选秀比赛，现如今，普通人想要一夜成名有时只需要一部手机或一台电脑。许多"草根"通过直播摇身一变，成了众多粉丝追捧的网红，有的热度甚至比明星还高。

视频直播的成名概率很高，而门槛相对较低，带来的经济回报也是相当可观的。视频社交的特色在于用户可以通过弹幕的方式与自己喜欢的主播进行实时沟通交流，如图1-2所示。

图 1-2 弹幕交流

而微信、微博这些以文字、图片为信息载体的社交平台无法做到这一点，再加上国内信息网络的迅速发展，Wi-Fi、5G网络的普及，使得视频直播更容易实现。可以说，直播平台顺应了时代的社交趋势，并不断向前发展。

1.1.2 娱乐：一种新的营销方式

直播除了是一种前卫的社交模式之外，还是一种与众不同的娱乐营销方式。对于个人来讲，直播是一个可以把自己推广出去成为明星、网红的绝佳平台；对公司而言，它是一种推销产品、赚取利润的全新营销方式。随着人们消费方式的转变，越来越多的人倾向于娱乐消费。

面对这样一个现状，企业也需要改变相应的营销方式，恰当地利用直播这种具有高效益的娱乐营销方式，打造出一种适合自身的营销模式。

1.1.3 信息：传播媒介直观新颖

直播是一种更加直观的信息传递媒介，主要通过播报这个世界正在发生的事情来完成信息传播的过程。可以说，它是一个较传统媒介内容更为浓缩、形式更加新颖的全新的媒介。传统媒介主要有以下3种类型。

① 平面的报纸、杂志；

② 视频、电视广播；

③ 移动智能手机、各大社交平台。

直播平台的优势在于：它能以用户自创的内容为中心，使人与人、人与价值内容、人与商业活动相关联，形成一个能盈利、创造更多价值的互联网商业形态。

直播之所以能取代传统媒介成为当下最火爆的媒介，主要是因为它能够让用户与主播直接进行互动，很大程度上提高了用户的参与度。宣传工作是一部电影的重中之重，而直播这种新型的信息传播方式恰好弥补了过去那些媒介的不足，如电视广告、预告片、电影宣传等。

虽然传统媒介也起到了一定的作用，但直播平台让营销方式变得更加多样化，吸引了广大网友的兴趣，对电影票房的增长起到了推波助澜的作用。

例如，美拍直播平台中关于《我和我的祖国》主题曲的相关活动，通过互动的形式既推广了电影主题曲，提升了电影知名度，同时又让用户参与了主题曲的翻唱、正能量的宣传等各种形式的活动。一时间，《我和我的祖国》红遍了美拍，也吸引了无数人前去影院观赏这部影片。

再如2020年春节期间，《囧妈》采取了线上直播的形式在抖音平台上映，获得了很好的反响，如图1-3所示。

图1-3　抖音中《囧妈》电影相关页面

不容置疑的是，直播这种新颖的信息传播方式做到了盈利、娱乐两不误，极大地丰富了以往的媒介，为信息传播的发展做出了巨大贡献。

1.2 装备：助力主播开播效果

俗话说："工欲善其事，必先利其器。"要想成为一名出色的主播，除了自身的才艺和特长外，还需要有各种硬件装备的支持，包括镜头的选择、灯光效果的调试、背景的设置以及网络环境的搭建等。本节主要介绍直播间的装备准备以及环境的搭建，帮助新人主播打造一个完美的直播间。

1.2.1 镜头：直播的摄像头类型

想要直播，摄像头是必不可少的，摄像头的功能参数直接决定了直播画面的清晰度，影响到直播效果和受众的观看体验。那么，该如何选择一款合适的摄像头呢？在这里，向大家推荐一些热门摄像头和品牌排行榜，以供参考和借鉴，如图1-4所示。

图1-4 热门摄像头和品牌排行榜

在选择摄像头时，我们主要考虑如下两个因素。

① 摄像头的功能参数。参数越高，输出的视频分辨率就越高，呈现的视频画质也就越清晰。

② 摄像头的价格。对于大多数人来说，购买任何东西都是有预算的，这时，产品的性价比就显得尤为重要，因为谁都想花更少的钱体验更好的产品。

基于以上两个因素，笔者向大家推荐这款排名第一的摄像头——罗技C930e。图1-5所示为该摄像头的产品外观和参考报价；图1-6所示为该摄像头的重要参数。

图1-5　罗技C930e的产品外观和参考报价

图1-6　罗技C930e的重要参数

从图中我们可以看出，罗技C930e摄像头的配置还是很不错的，产品类型和镜头描述为高清，最大帧频为30FPS，动态分辨率达到了1920px×1080px，还支持USB3.0，内置麦克风。价格方面则在600元左右，这个价格对于绝大多数人来说是可以接受的，性价比颇高。

1.2.2 灯光：打造漂亮的直播环境

有了摄像头之后，接下来分享如何打造一个漂亮的直播环境。说到直播环境，就不得不提到直播间灯光效果设置，这是打造直播环境的重中之重，灯光的设置直接影响主播的外观形象。

摄影是用光的艺术，直播也是如此，所谓直播就是通过摄像头将内容画面或自己的影像实时传递给屏幕前的受众，所以灯光尤为重要。为什么有的主播看上去很明亮耀眼，而有的则暗淡无光呢？这就是灯光造成的不同效果。所以，对于主播而言，上镜效果是非常重要的。

直播间的灯光类型主要分为5种，其作用如图1-7所示。

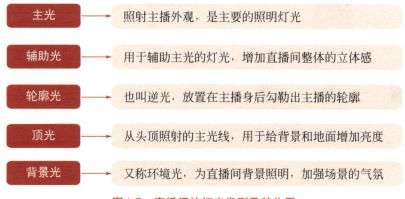

图1-7 直播间的灯光类型及其作用

了解了直播间的5种灯光类型之后，就来详细讲解每种灯光的设置和摆放，通过不同的角度和不同的灯光搭配来制造出不同的环境效果。

（1）主光

主光灯须放在主播的正面，且与摄像头镜头光轴的夹角不能超过15度。这样做能让照射的光线充足而均匀，使主播的脸部看起来很柔和，从而起到磨皮美白的美颜效果。但是这种灯光没有阴影效果，会使画面看上去缺乏层次感。

（2）辅助光

辅助光宜从主播的左右两侧与主光呈90度夹角摆放。当然，将辅助光放置在主播左前方45度或右后方45度进行照射更好。

这样做可以使主播的面部轮廓产生阴影，并产生强烈的色彩反差，有利于打造主播外观的立体质感。但需要注意的是，灯光对比度的调节要适度，防止面部过度曝光或部分地方太暗的情况发生。

（3）轮廓光

轮廓光要放置在主播的后面，以便形成逆光的效果，这样做不仅能够让主播的轮廓分明，还可以突出主体效果。

使用轮廓光时要注意把握光线亮度的调节，因为光线太亮可能会导致主播主体部分过于黑暗，同时摄像头入光也会产生耀光的情况。

（4）顶光

顶光是从主播头顶照射下来的主光线，其作用在于给背景和地面增加亮度，从而产生厚重的投影效果，这样有利于塑造轮廓，起到瘦脸的功效。

但要注意顶光的位置离主播尽量不要超过2米，这种灯光有小缺点，那就是容易在眼睛和鼻子的下方造成阴影，影响美观。

（5）背景光

背景光的作用是烘托主体，为主播的周围环境和背景进行照明，营造各种环境气氛和光线效果。

由于背景光的灯光效果是均匀的，所以应该采取低亮度、多数量的方法进行布置。

以上5种灯光效果的设置是打造直播环境必不可少的，每种灯光都有各自的优势和不足，主播需要进行不同的灯光组合来取长补短。灯光效果的调试是一个比较漫长的过程，需要有耐心。

1.2.3　声卡：提升直播间的音效

直播实际上是一种视频和音频的输出，视频的输出靠的是高清的摄像头，而音频的输出得靠声卡和麦克风，这3样是直播设备的核心硬件。所以，不光要选择一个好的摄像头，选择一款好的声卡也很重要。

声卡主要分为内置声卡和外置声卡两种，下面分别进行详细的介绍。

（1）内置声卡

内置声卡顾名思义就是集成在台式电脑或笔记本主板上的声卡，现在我们新买的电脑都会预装内置声卡，只需要安装对应的声卡驱动即可正常运行。

（2）外置声卡

外置声卡需要通过 USB 接口和数据线连接在笔记本或台式电脑上，然后安装单独的驱动（有些外置声卡插入即可使用），最后将内置声卡禁用，选择新安装的外置声卡为默认播放设备。

内置声卡和外置声卡的区别还是比较大的，接下来将从 3 个方面来讲述，如图 1-8 所示。

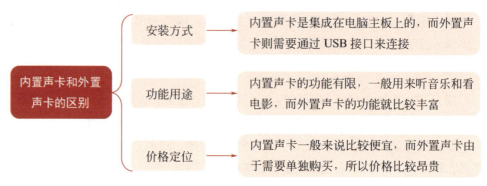

图 1-8　内置声卡和外置声卡的区别

由于大多数内置声卡的功能有限，不能满足直播的需求，所以这里介绍一下外置声卡的选购，下面是热门声卡和品牌排行榜，如图 1-9 所示。

图 1-9　热门声卡和品牌排行榜

和摄像头的选择一样，声卡的选购同样也要考虑其性价比。当然，如果预算充足，可以选择自己喜欢的声卡款式，以便设置最佳的直播音效。下面给大家推荐一款比较不错的外置声卡——森然ST60，如图1-10所示，其中包括该声卡的产品外观、参考报价以及配置参数。

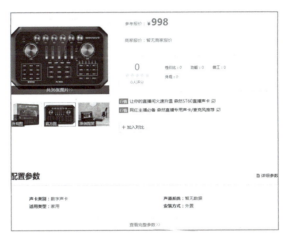

图1-10　森然ST60的产品综述介绍

1.2.4　话筒：直播麦克风的选择

说完声卡，我们来看直播间麦克风的选择。麦克风俗称"话筒"，主要分为电动麦克风和电容麦克风两种，而电动麦克风又以动圈麦克风为主。当然，还有一种特殊的麦克风，就是我们在电视上或者活动会议上常见的耳麦，耳麦是耳机与麦克风的结合体。

动圈麦克风和电容麦克风各自的区别和特点，如图1-11所示。

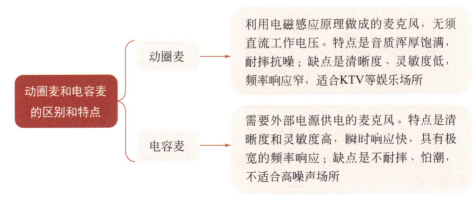

图1-11　动圈麦和电容麦的区别和特点

绝大多数主播直播的麦克风都是电容麦，所以就重点介绍电容麦的选购。图1-12所示为热门麦克风和品牌排行榜，大家可以以此作为选择和参考的依据。

图1-12 热门麦克风和品牌排行榜

电容麦的质量和体验决定了主播直播间的音质，从而影响直播的整体效果，所以选择一款高品质的电容麦对主播来说非常重要，下面推荐一款还不错的电容麦，如图1-13所示。

图1-13 铁三角AT2020录音室专业型麦克风

这款电容麦的产品名称和型号是铁三角AT2020，铁三角是一个专注于研发话筒、耳机等电子产品的知名品牌，其产品质量和销量在全球也是名列前茅，所以对于录音、直播等场景来说，这款产品是个不错的选择。当然，大家也可以自行选择自己喜欢的电容麦进行购买。

1.2.5 主要：电脑和手机的选购

如今的直播行业可谓是红红火火，非常吃香，很多人都想进入这个行业捞金。对于直播的方式，一种是用台式电脑或者笔记本直接进行直播，另一种就是利用手机进行直播。两种方式各有利弊，下面将为大家详细地讲解。

（1）电脑

在4G刚刚商用普及，而移动智能设备的用户数量远没有现在这么多的时候，直播对于普通人来说还是一个新兴的互联网行业。从事专业直播的人一般来说都有一定的才艺技能、理论普及知识和经济能力，他们所采用的直播设备就是台式电脑和笔记本电脑，而直播对于这类设备的配置要求都比较高，高性能的电脑与主播直播的体验往往成正比。

接下来就为那些想用电脑进行直播的新人主播分析电脑配件的各部分参数，推荐合适的电脑设备，以提升直播的体验。

① CPU处理器。CPU的性能对电脑的程序处理速度来说至关重要，CPU的性能越高，电脑的运行速度也就越快，所以在CPU的选择上千万不能马虎或将就。一般来说，选择酷睿I5或I7的处理器比较好。

② 运行内存条。在内存条的选择上和CPU一样，尽量选择容量大的，因为运行内存的容量越大，电脑文件的运行速度也就越快。对于直播的需求来说，电脑内存容量不能低于8GB。

③ 硬盘类型。现在市面上流行的硬盘一共有两种，分别是机械硬盘和固态硬盘。下面是这两种硬盘各自的优缺点，如图1-14所示。

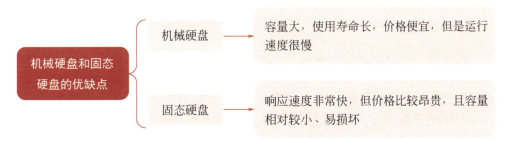

图1-14　机械硬盘和固态硬盘的优缺点

随着科学技术的不断进步，固态硬盘的生产技术也越来越先进和成熟，这也导致了固态硬盘的销售价格不断降低，容量单位也在不断扩大，也就不用特别担心选购固态硬盘的成本预算问题了。

④ 显卡。体现电脑性能的另一个关键配件就是显卡，显卡配置参数会影响电脑的图形处理能力，特别是在运行大型游戏和专业的视频处理软件的时候，显卡的性能就显得尤为重要。显卡对直播时的效果也会有一定的影响，所以尽量选择高性能的显卡型号。

介绍完电脑关键配置的性能之后，为大家推荐市场上主流的电脑品牌和热门的电脑型号。由于笔记本和台式电脑相比，具有体积小、携带方便的特点，所以在这里主要介绍热门笔记本电脑和品牌排行榜，如图1-15所示。

图1-15　热门笔记本电脑和品牌排行榜

（2）手机

随着移动通信技术的不断进步，5G时代已到来，手机的网速也越来越快。4G网络普及后手机的网速已经能够达到流畅地观看视频的程度，这就为手机直播的发展提供了必要的前提条件。图1-16所示为移动通信技术的发展和变更。

与电脑直播相比，手机直播的方式更加简单和方便，只需要一台手机，然后安装一款直播平台的APP，再配上一副耳机即可。当然，如果觉得手持手机直播不方便，也可以加个支架固定。

手机直播适用于那些把直播当作一种生活娱乐方式的人或者刚入直播的新人，因为手机的功能没有电脑强大，有些专业的直播操作在手机上无法实现。所以直播对手机配置的要求没有电脑那么高，虽然如此，对于手机设备的选购也是需要经过考虑和斟酌的。

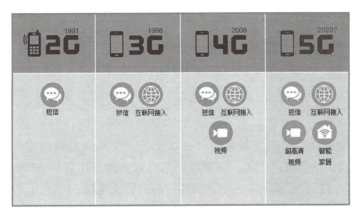

图1-16 移动通信技术的发展和变更

手机的选购和电脑一样，也要稍微注意一下配置参数，然后在预算范围内选择一款自己喜欢的即可。这里就不具体推荐某一款机型了。图1-17所示为热门手机和品牌排行榜，仅供参考。

图1-17 热门手机和品牌排行榜

以上就是关于电脑和手机的介绍以及选购推荐，其实不管用什么设备进行直播，只要能为受众创造出优质且有趣的内容，就能成为一名优秀的主播。

1.2.6 其他：直播间的补充设备

除了前面所讲的摄像头、灯光、声卡、电容麦以及电脑和手机这些主要的直播设备之外，还有一些其他设备需要我们考虑，比如网络宽带、直播支架、监听耳机等。本节就来介绍这些设备的选择以及要求。

（1）网络宽带

直播主要是通过互联网与受众建立沟通与联系，所以没网是万万不行的，特别是对于专业做直播的主播来讲，必须安装一个网速足够的宽带。而且直播对于流量的消耗是非常巨大的，即便是业余直播，也要在有Wi-Fi的环境下进行，不然光用流量的话，直播的成本是难以维持的。建议选择50兆以上的宽带套餐。

直播间的网络状况好坏决定了直播是否能够顺利地进行，如果宽带网速慢，就会造成直播画面的延迟和卡顿，不仅会严重影响直播进程，也会大大降低受众的观看体验感，导致受众中途离去，造成直播间人气的波动。

（2）直播支架

在直播的时候，不管是电脑直播还是手机直播，主播都不可能长时间拿着电容麦或手机。所以，这时候就需要用支架来固定，这样能使主播更加轻松愉快地进行直播，非常实用和方便。

关于直播支架的选择，没有什么特定的产品或品牌来参考，大家直接去淘宝、天猫等电商平台购买即可，如图1-18所示。

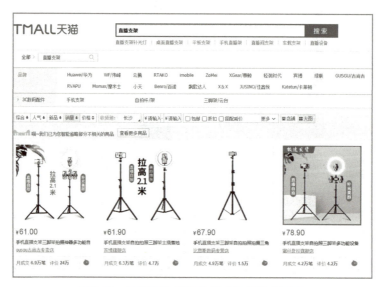

图1-18　天猫平台关于直播支架的搜索页面

（3）监听耳机

在直播中，主播为了随时关注自己的直播效果，就需要用到监听耳机，以便对直播的内容进行优化和调整。监听耳机是指没有加过音色渲染的耳机，可以听到最接近真实的、未加任何修饰的音质，它被广泛应用于各种领域，如录音棚、配音室、电视台以及MIDI工作室等。

监听耳机主要具备两个特点：一是频率响应足够宽、速度快，能保证在监听的频带范围内信号失真尽量小，能够还原监听对象声音；二是坚固耐用，容易维修和保养。

那么监听耳机和普通耳机究竟有什么不同呢？总结了以下几点，如图1-19所示。

监听耳机和普通耳机的区别

- 监听耳机由于没有加过音色渲染，所以对声音的还原度要高，保真性要好；普通耳机通常是加过音色渲染和美化的，所以声音听起来会更动听

- 监听耳机能有效隔离外部杂音，能听到清晰准确的声音，隔音效果非常好；普通耳机的封闭性一般，经常会出现漏音和外界杂音渗入的情况

- 监听耳机主要用于现场返送、缩混监听、广播监听、扩声监听、专用监听的场景中，以提高声音的辨识度；普通耳机一般用于听音乐、看电影、玩游戏等娱乐方面

- 监听耳机为了保证声音的保真性，制作材质普遍较硬，佩戴舒适度比较一般；普通耳机的质量较轻，设计也符合人体结构学，佩戴比较舒适

图1-19 监听耳机和普通耳机的区别

关于监听耳机的选购大家可以直接去淘宝、天猫等电商平台搜索相应的关键词，选择自己喜欢或者合适的产品即可。

1.3 房间：直播间的装修布置

购买到一整套直播必备的设备之后，就到了最重要的环节，那就是设计一个符合自己风格的直播间，美观大方的直播间能提升受众观看直播的体验感，为主播吸引更多的粉丝和增加人气。本节将从直播间背景的设置、物品的陈设、吸音毯的铺设3个方面来详细分析直播间的装修布置。

1.3.1 背景：设计合适风格的墙布

直播间背景的设计原则是简洁大方、干净整洁，主播的外观造型是受众对直播的第一印象，直播间的背景同样也能给受众留下深刻的印象。直播间的背景墙纸或背景布的设计风格可以根据主播的人设、直播的主题，以及直播的类型来选择，但需要注意，不要过于个性和花里胡哨，这样反而会使受众产生反感。

例如，主播是一位元气满满的美少女，就可以选择可爱风格的主题墙纸作为直播背景，如图1-20所示。

图1-20　可爱风格的直播背景

如果直播是以庆祝生日或节日为主题，就可以选择明亮鲜艳的墙纸作为直播背景，如图1-21所示；如果直播的类型是在线教育的知识干货分享，可以选择简约清新的背景，如图1-22所示。

图1-21　明亮鲜艳的直播背景

图1-22　简约清新的直播背景

1.3.2 陈设：产品摆放整齐有序

和背景设置一样，直播间物品的摆放也有讲究，房间的布置同样要干净整洁，物品的摆放和分类要整齐有序，这样做不仅能够在直播的时候做到有条不紊，还能给受众留下一个好的印象。

杂乱的房间布置会让受众观看直播的体验感很不好，所以新人主播尤其要注意。关于物品种类的陈设可以根据直播的类型来设置和确定，如果是美妆类直播，可以放口红、散粉、眼线笔等相关产品，如图1-23所示；如果是服装类直播，可以放衣服、裤子、鞋等相关产品，如图1-24所示；如果是美食类直播，可以放各种零食、小吃、特产等相关产品，如图1-25所示。

图1-23 美妆直播的物品摆放

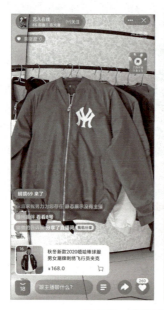 

图1-24 服装直播的物品摆放

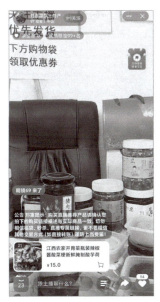

图 1-25　美食直播的物品摆放

直播间物品的陈设一定要符合直播的风格或者类型，这样才能提升主播的专业度和直播间的档次，才会吸引更多用户和粉丝观看直播，这样的直播才有意义。

1.3.3　地面：铺设吸音地毯降音

如果是多人直播，可以在直播间铺设一层吸音毯，这样可以有效地降低直播时产生的噪声，如图1-26所示。

吸音毯也是许多公司和企业办公场所必备的材料之一，因为在办公的时候，难免会产生许多杂音，公司需要给员工提供一个较为安静的办公环境。主播需要注意，地毯的颜色要与直播间整体的设计风格相协调，这样才显得自然。

图 1-26　吸音地毯

第2章

标题策划：提高直播间点击量

本章主要介绍了直播间爆款标题的取名技巧，为想要直播的用户提供了7条直播标题的思路和5条热门直播间取名的规律，主要包括热词型、借势型、数字型、提问型、语言型等，帮助大家解决直播间取名的难题。

2.1 思路：展现特色直播标题

很多用户想要进行直播，但是不知道该如何给直播间命名。本节将介绍7种直播标题的写作思路，帮助大家写出富有特色的直播标题。

2.1.1 经验：通过分享吸引用户

在生活中，包含经验分享的标题特别受用户喜爱，因为他们经常是带有目的性的心态去观看直播，想在直播中吸取某一方面的经验与技巧总结，如图2-1所示。通过这个标题可以看出，主播想向用户分享厚涂人像的案例。

图2-1　经验分享式标题

当然，这种直播对主播的逻辑性要求也很高，一般是通过对平台上大量直播进行对比，让用户眼前一亮，而且简单明了，观看之后可以少走很多弯路。

另外，需要注意的是，经验式标题下的直播内容，需要具有一定的权威性以及学术性，或者至少经验性要较强。当然，也可以是主播自身特有的经历分享，或者在个人体验上能够给大家带来参考。

2.1.2　讲解：利用专家权威身份

所谓专家讲解类标题，是以表达观点为核心的直播标题形式，一般会精准到人，将人名和群体名称放置在标题上，后面紧接着补充对某件事的观点或看法。

这一专家类直播标题在运用中有许多形式，直播中通常会采访专家或者教授或者邀请其共同参与直播。

人名加直播内容，这一类标题利用名人的名气来提高直播的热度，突显了直播的重点，同时也让用户一眼就明白观点内容。图2-2所示就是采用此类型的形式。

图2-2 "某某:"形式的直播标题

观点展示标题还有一种形式,那就是对提出观点的人做了水平或其他方面的层级定位,也可以说是上面案例标题形式的变体。它意在通过提升主播的层级定位来增加标题观点和直播内容的可信度。

下面以"资深"为例,说明这类观点类型的直播标题,如图2-3所示。这一类标题给人一种很权威的信服感,很容易获得用户的信任。

图2-3 "资深"人士的直播标题展示

2.1.3 疑问:提供问题解决方案

疑惑自问式直播标题又称问题式标题、疑问式标题。问题式标题可以算是知识型标题与反问式标题的一种结合，以提问的形式将问题提出来，但用户又可以从问题中知道直播内容是什么。一般来说，问题式标题有6种公式，主播只要围绕这6种公式撰写问题式标题即可。

第一类是疑问前置式：

① "什么是＿＿＿＿＿＿"；

② "为什么＿＿＿＿＿＿"；

③ "怎样＿＿＿＿＿＿"；

④ "如何＿＿＿＿＿＿"。

第二类是疑问后置式：

① "＿＿＿＿＿＿有哪些技巧"；

② "＿＿＿＿＿＿有哪些秘诀"。

下面，我们来看两个问题式标题案例。图2-4所示为疑问前置式的直播标题，这一类标题通常将疑问词放在最前面，从而引起用户的注意，当用户看见如"为什么""如何""怎样"等一系列词语时也会产生相同的疑问，进而点开直播寻求问题的答案。

图2-4　疑问前置式直播标题案例

图2-5所示为疑问后置式标题，这一类标题喜欢将疑问放在末尾，引起用户兴趣。人们往往对"秘诀、技巧、秘籍"等词具有很强的兴趣，用这一系列的词是为了给人普及一些常识或是知识，人们在看到这一类标题时，也会抱着学习的心理去观看直播，也就增加了直播的点击率。

图 2-5　疑问后置式直播标题案例

2.1.4　数量：增强视觉冲击力度

数量冲击型标题也叫统计冲击型标题，就是在标题中标明具体数据的直播间标题形式。一般来说，数字对人们的视觉冲击效果较明显，一个巨大的数字能与人们产生心灵的碰撞，让人产生惊讶之感。人们往往通过数字来得知其背后的内容。

下面我们来看两则统计冲击型标题。图 2-6 所示为单一数字式标题，这一类标题往往有一个特别大或者极小的数字，可以起到令人惊讶的效果。

图 2-6　单一数字式直播标题案例

图2-7所示为多数字对比式标题，往往以一大一小的数字做对比的方式出现在标题里，这种强烈对比和巨大差异会给人造成一种视觉上的冲击和震撼。人们想从这些差异巨大的数字中得到隐藏在其背后的信息，自然想要点进直播去一探究竟。

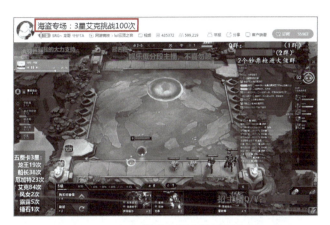

图2-7　多数字对比式直播标题案例

2.1.5　总结：提升直播影响范围

"十大总结"是指将物品进行十大总结和排名，例如"十大好物推荐""正品牌名牌十大国产""瑞士十大品牌机械表""十大品牌鱼竿手竿"等直播间标题。图2-8所示为"十大"类型的直播标题案例。

图2-8　"十大"直播标题案例

"十大"型标题的主要特点有传播率广、容易被转载、有一定的影响力。此外，"十大"一词代表了选择和优化之后的结果，留下的都是精华部分，免去了信息筛选的复杂过程，这种标题的直播通常能带给用户更好的观看体验。

2.1.6 比对：突出产品优势

同类比对型标题是通过与同类产品进行对比，从而来突出自己产品的优势，加深用户对产品的认知和印象。

同类比对型有一部分只是同类产品的一个大盘点，各类产品的优缺点都有所展示，不刻意突出某一产品的功能，不带功利性质，如盘点同一类小吃在不同地区所呈现的味道、盘点某某地景区、盘点中国历史上的谋臣武将等。图2-9所示为同类比对型标题案例。

图2-9 同类比对型标题案例

带有功利性质的同类产品对比则较为明显，将两款不同品牌的产品拿出来做对比，突出某一产品的优点或是突出自身产品的特点。比如不同品牌在同一时期发布的两款手机的性能对比，或者是不同品牌价格相差无几的空调进行节能效果对比来突出某产品。

同类对比的产品，大都有某些相似之处，如价格、性能、特色等，分条逐列地对比展示出来。比对式标题还可以加入悬念式标题的手法，能更加突显出标题的特色，吸引消费者的注意力。既用了对比，又有悬念，很符合当代人的口味，如"双强组合VS浪肖组合""期待你能来，遗憾你离开""有种差距叫'同剧同造型'：不比不知道一比吓一跳，颜值再高气场依旧被带偏"等直播标题。

2.1.7 流行语：提高直播间人气

流行语型直播间标题，就是将网上比较流行的词、短语、句子，如"我不要你觉得，我要我觉得""我太难了""硬核""柠檬精"等，嵌入直播标题中，让用户一看就觉得十分有意思。

这种网络流行用法常常被运用在微信朋友圈、微博中。因这一类网络流行语传播速度非常快，读起来不仅诙谐幽默又朗朗上口，在标题撰写中经常被用到，十分夺人眼球。图2-10所示为流行词直播标题案例。

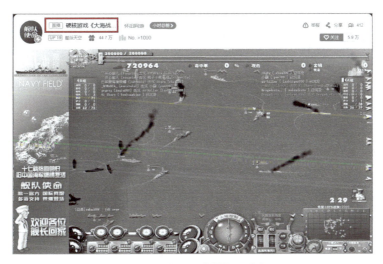

图2-10 流行词直播标题案例

流行词的运用紧跟时代潮流又充满创意，有吸睛效果，用户十分乐意去点击这一类型直播间。

2.2 命名：帮助提高直播热度

掌握7大命题思路之后，我们分析一下热门直播间的命名规律，总共可以归结为5条，本节将一一陈述。

2.2.1 热词：吸引用户的注意力

在写直播标题的时候，仅仅注重钻研标题的形式是不够的，还要学会在标题中用关键词吸引用户，增加直播间的点击量和曝光率。

（1）免费

"免费"一词在直播间标题的打造里面起着不可忽视的作用。在标题中适当且准确地加入"免费"一词，可以很好地吸引用户，如图2-11所示。

图2-11　加入"免费"词汇的标题案例

在直播的标题当中，"免费"一词可以很好地抓住用户的某种心理。当用户看到标有"免费"一词的标题时，往往会不自觉地想去查看是什么东西免费和它的免费程度，从而点击并进入直播间。

说是"免费"，其实并不代表就是真正意义上的免费，只是一个噱头，其作用就是吸引用户的注意，从而达到营销的目的。在商业营销里面，"免费"这个词也有着十分广泛的应用，但它在商业战场上有一个特定的专业名词——"免费式营销"。直播间的标题中加入"免费"，实质上也是一种"免费式营销"。

"免费式营销"是一种基于消费者心理而提出的市场营销策略。相对于付费来说，消费者更喜欢不要钱也能得到的东西，这个理念也正是抓住了消费者的心理，可谓是"对症下药"。

（2）全新和最新发布

这一类标题所体现的内容一般都是经过一段时间的准备或是消失了一段时间之后的重新回归。带有"全新"一词的标题多指某产品的重新面世，所针对的用户大部分是以前的老用户，通过对之前产品加以完善和优化，然后进行产品宣传，也能在很大程度上吸引新的用户注意和尝试。

"最新发布"一词具有很强的时效性。代表某一新产品的公布，给人的感觉较为正式。从用户的心理上来研究，人们往往喜欢在某些事上做第一个知道的人，然后去分享给别人，这就是所谓的"存在感"。许多电子产品都会利用"最新发布"进行直播。图2-12所示为某手机品牌新品直播发布会。

图2-12　某手机品牌新品直播发布会

（3）清库存和最后

常常会利用"清库存"或"清仓"一词来进行电商直播，如图2-13所示。给人一种时间上的紧迫感，促使用户赶紧点击，以免错过。

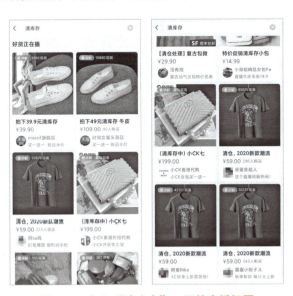

图2-13　加入"清库存"一词的直播标题

"最后"一词在直播的标题中有着警示提醒的作用,当用户看到"最后"一词时,有一种如果不赶紧进入直播间就会没有了的感觉。图2-14所示为加入"最后"一词的直播标题。

图2-14　加入"最后"一词的直播标题

（4）现在和从今天开始

在直播标题当中,"现在"和"从今天开始"均代表一个时间节点,这类标题所讲的内容也是在这个时间节点之后才发生的事情。

"现在"是一个现在进行时态的词语,它表示当下的这一刻,也可以是指当下的一段时间。当这一词出现在直播标题当中时,就表示了直播的内容是具有最新时效的。人们所关注的大都是自己身边或是这段时期所发生的与自身相关的事情,当看见直播标题当中有"现在"一词时,就会点开去看看。

"从今天开始"是指以今天为界限,强调"今天"和"开始",代表了一件事情将从"今天"开始有所变化或执行。

（5）指相性词语

"这""这些"和"这里有"都是指向性非常明确的关键词,在直播标题当中运用恰当,对直播间的点击率影响巨大,如图2-15所示。

在撰写直播标题的时候,光抛出一件事情或一句话是不够的,用户需要引导和给出一些简单明了的指示,这个时候,在标题中加入"这""这些"等词就显得十分有必要了。

图2-15 加入指向性词的直播标题

这两个词在标题中的应用原理很简单,比如有人告诉你某个地方正在发生一件很奇怪的事情,但他只跟你说在哪里发生的,却不将这件事情仔细地讲给你听,最终你还是会自己去看看究竟。这一类带有"这""这些"字眼的标题就是这样吸引用户的。

在直播标题中切入"这里有"的目的性也很明确,就是在告诉用户这里有你想知道或必须要知道的内容,从而促使其点击直播间。

这一类标题大都是采用自问自答又或者是传统式的叫喊,比如"这里有你想要的气质美""大码爆款T恤这都有""这个直播间有1元福利"之类的。无须太多技巧,只需适时适当地知道用户想要什么就可以了,避免了其他形式标题的弯弯绕绕,又不会出太大的差错。

这种类型的标题更简单直接,用户在看到直播标题时对直播内容有了一定的了解,也能让对标题所提到的信息点感兴趣的用户进入直播间,以此来提高点击率。

(6)怎样和哪一个

"怎样"和"哪一个"都具有选择和征求意见建议的意思,这两个词出现在直播的标题当中时,也给了用户一个选择,让用户参与到直播当中来,从而达到主播与用户互动的效果。

"怎样"一词在标题撰写当中一般有两种意思。一种是指怎么解决,讲的是方式方法,展示的内容是要帮助用户解决生活或工作当中的某一种较为普遍的问题,为用户出谋划策;一种是主播讲述一件事,征求意见建议。

当它以方式方法的意思出现时，人们关注的也就是解决问题的方法；当它以征求意见的意思出现时，表现了主播对用户的一种尊重，用户的直播体验会大大提高。当然，对于"怎样"的运用不能只局限于它的某一种意思和功能，要根据直播内容灵活运用。

"哪一个"在直播间的标题当中出现时，就代表了一种选择，它比"怎样"一词所表示的选择性更为明确和直观。带这一关键词的直播间标题其实在无形之中就产生了互动，有了互动才能极大地调动用户的积极性，让用户更愿意参与到阅读中来。例如"想让我介绍哪一款呢""喜欢哪款鞋跟主播说""这么穿，哪里显胖""商务本和游戏本哪款更合适"等。

（7）你是否和你能否

"你是否"和"你能否"同属于疑问句式，在标题中出现代表了对用户的提问，这一类标题更加注重与用户的互动。

"你是否"这一关键词的意思就是"你是不是怎样？"，是对用户现状的一种询问。用户会下意识把标题当中的问题代入到自己身上，都会下意识去看看。就像星座，尽管很多人并不相信，但看到自己的星座解析出现的时候，也都会下意识去查看。

"你能否"的意思就是"你能不能怎样？"，通常是在问用户能不能做到像直播间标题里说的那样，是对用户能力或是未来状况的一种表达或预测。这种标题通常给人一种指示或灵感，让用户去发现标题当中所涉及的能力或者趋势。

这种标题通常能够让用户了解到自己是否具备标题当中所说的某一种能力，或是有没有把握住标题所涉及的趋势。之所以能吸引用户，是因为它在问用户的同时又能让用户反思自己，既能获得信息又能让自己进入有所收获的直播间，用户往往是很乐于点击的。例如"你是否有便秘""你是否有脱发困扰""你是否被偷拍跟踪过""你的面膜是否适合你"等直播间标题。

2.2.2 借势：强化传播影响力

借势主要是借助热度以及时下流行的趋势来进行传播，借势型的运用具有4个技巧，本小节将一一讲解。

（1）借助热点

热点最大的特点就是关注的人数多，所以巧借社会热点写出来的直播标题，其关注度和浏览量都会上去。那么，如何寻找并利用热点呢？

主播平时可以多在网上关注明星的动态、社会事件以及国家新出台的政策等，然后将这些热点与直播的主题内容结合起来，这样能吸引那些关注和讨论这些热点的受众的兴趣和注意力。图2-16所示为借助热点的直播标题案例。

图2-16　借助热点的直播标题案例

《刺客伍六七》是于2018年4月在互联网播放的网络动画，如今已经发展成为一个非常火热的动漫IP，拥有一大批粉丝。所以，该主播就以《刺客伍六七》作为直播间的标题，以此来吸引该IP粉丝的兴趣和关注。

（2）借助流行

很多主播在撰写直播标题的时候，会借用一些流行元素，以此来引发受众的情感共鸣，达到让用户点击的目的。流行元素有点类似于"彩蛋"，"彩蛋"就是那些在内容作品中如果不仔细寻找就可能被忽略的有趣细节，它的作用就是利用人们的怀旧心理，给观众或读者制造惊喜。

（3）借助名人

名人具有一定的影响力，娱乐明星更是如此，所以一些企业在发布新产品的时候，通常会请比较出名的明星来代言，借助名人的影响力或明星的流量来增加新产品的热度和宣传效果。可以大大提高直播间的人气，从而为主播直播带货起到很好的营销作用。

借助名人的影响力一般有两种情况，一种是在直播标题中直接用名人的名字来命名，另一种是请名人来直播间做嘉宾参与直播。

（4）制定方案

在直播标题的撰写中，通过方案借势来打造或推广品牌的这种方式非常有效,尤其是在大品牌中运用方案借势的效果更为明显。比如"双11狂欢购物节""520告白节""京东618"等。

图2-17所示为大品牌99划算节活动方案借势的直播标题案例。

图2-17 方案借势的直播标题案例

2.2.3 数字:增强标题说服力

就数字本身而言,它的读音和书写都是十分简单的,普及面十分广,甚至达到了全球通用,这也就表明,如果一个直播间的标题中出现了数字,也会第一时间引起用户的关注。

如今是一个"数字"型时代,任何事情都和数字挂钩,人们的日常生活也都离不开数字,所以将数字加入到直播间标题中,是一个很好的吸引用户的方法。数字的展示会给人更直观的感受,并且准确的数字会增加内容的说服力。数字的利用主要有11种方式,本小节中将进行汇总讲解。

(1)利用人数

主播在撰写直播间标题的时候,加入表示"人"的数量词,就可以很好地吸引用户的目光,引起用户的重视和注意,可以让用户准确地知道和了解这一直播间到底说的是什么,有多少人,往往越是简单、清楚、拿数据来说话的标题越能引起用户的注意。

（2）利用钱数

在生活中，有很多东西是随时随地都能引起人们的关注的，不管大小或是多少都能被人们注意到，甚至津津乐道，比如"钱"这一字眼。

钱在人们的日常生活里扮演着十分重要的角色，是人们生活工作都离不开的重要组成部分，俗话说"无钱寸步难行"，虽然这句话从一定层面来看有点偏激，但不得不承认钱在生活中所扮演的角色是多么的重要和不可缺少。有关于钱的信息一般很容易被人发觉到，这一敏感的字眼不管出现在哪里，都能吸引人们的视线，受到人们的高度关注。

其实，表示"钱"的数量的直播间标题还有一种呈现情况，那就是大数额与小数额同时出现，在标题里做对比。这种直播间的标题相比于那种只有一个金额的标题具有更强烈的对比，从而更能给用户带来一种视觉和心理上的冲击。

（3）其他数量

直播间中，除了表示人或者钱以外，其他东西的表达也离不开数量的运用，比如"几百吨水""几本书""两三瓶颜料""一碗饭"等这样很多的"物"也需要用数量来表达。

人们的日常生活离不开数量的应用，就算最原始的"结绳记事"也是对数量的运用。所以，除了很多特定的需要量化的事物，如时间、金钱等以外，"物"也是需要用到数量的。

在直播间标题上，思考的范围和题材都是非常广泛的，不只是表示人、年、天等这些比较特别的单位名词的时候，才会用到数量。这也就要求主播在撰写直播标题时，要合理地使用"物"的数量表示方法来吸引用户的注意。日常生活中所能够涉及的物是很多的，所以在素材上是无须担心的。

（4）利用年数

年相对于其他时间单位的长度来说算得上是比较长的了，人们每一天都在跟时间打交道，自然也就离不开对时间的量化了。其实在直播间标题当中出现年的字眼时，从直观上有表示时间长短的意思，有时候还能表示超出时间之外的含义。

（5）利用月数

如果说年所表示的时间长，那么月相对于年来说要短很多。在直播的标题当中出现表月的计量时，也就表示所说的事情经历的时间是比较短的。像这一类的标题，一般所涉及的内容大多是人们想要快速解决的难题，所以用月来计量的话，会让用户觉得这一难题能够在短期内解决，这样一来，用户就会去点击直播间查看解决办法。

直播间标题中有表"月"的计量时，通常就是短时间内能看到比较大的效果，只有这样有对比性的标题才能更大程度地吸引用户的注意力，激起用户观看直播间内容的兴趣。

（6）利用天数

正因为天是月的细分，所以天相对于月来说所代表的时间就更短。在时间就是金钱的现代化社会，人们更喜欢在短时间内完成某一件事情。天是日常生活当中人们用得比较多的时间计量单位，如果直播间的标题中出现了"××天"这样的字眼的话，除了天前面的数字能引起用户的注意以外，天这一时间单位给用户所带来的视觉感受也不容忽视。

（7）利用小时

小时这一时间计量单位相对于天来说显得更快，当小时出现在某一标题中时，会让人觉得时间颇为长久。比如"72小时锁水！月里嫦娥"这一标题中所出现的"72小时"就给人的感觉很长，这是因为对于保湿效果的时间来说，72个小时其实是很长的。

另外一方面就是"小时"所表示的时间很短，比如"两小时鲜制当季采摘"这一直播间标题所出现的"两小时"所表示的时间就很短，同样是小时，但所表达的意思是不一样的。

在直播间的标题撰写中，涉及表示小时计量的时候，常常用到两种方式，一种是单个表示时间的，就是标题里面就出现了所讲的某一件事情，而没有对比。另外一种就是通过换算时间，把两种本来关联性不是很大的事物联系在一起做对比，给用户一种更直观的感受。

（8）利用分钟

在直播间的标题撰写中，也会经常涉及分钟的计量。因为分钟所表示的时间往往比较短，但又不至于太过短暂。一般这种带有分钟的直播文案标题，会给用户一种无须耗费太多时间，但又能很清楚明白地了解直播间内容的感觉。例如，"几分钟看完各种贺岁大片"的直播标题，这样快速、高效的直播内容，一般用户都愿意点击观看。

（9）精确到秒

在直播标题中如果出现了秒的计量，则表示所出现事物的完成速度会很快。在讲究快节奏、高效率的现代社会，这样的标题对于用户来说，是一个很好的点击选择。

（10）用百分比

％能很直观地表现出所涉及的事物大致有多少。因此，在直播间的标题撰写中，如果出现了这一符号，会让用户很容易注意到这一标题。

对于主播来说，很多分析和统计是很难得到一个十分准确的数据的，所以在这种情况下，用百分比来表达会更稳妥。例如，标题为"无水配方89%芦荟汁"的直播间，就是利用百分比命名的。

很多这种直播表百分比程度的标题，凡涉及一定比例的人数，大部分用户都会把自己代入到标题所说的事情里去，然后通过直播间内容与自身进行对比，看看自己是否存在那种情况，进而找到解决办法。

（11）成倍表达

倍的出现相对于几组单纯的数据来说，能说明的问题更加直接，比如"某学校今年招生人数是去年3倍"，就可以很直观地看出增长的程度。用户往往更喜欢看直接的东西，增长多少就用倍数表示，尽量减少用户去搜集资料或计算的过程，这也能够在一定程度上提高观看体验。

倍直接告诉用户增长的幅度大小，对比效果更加显著，也更利于吸引用户观看。其实像这种类型的直播标题在生活中并不少见，凡是涉及有对比的数据升降，大都会采用这种方式，不管刚开始的基数是多少，每一倍都是"滚雪球"式的增加，数据清晰明了。

一般这一类标题也是用数字引起用户的注意，再用表示程度的词来增强视觉效果，用户只要对数据觉得震惊或是不可思议时，自然就会点击观看直播的内容。

2.2.4 提问：巧妙引起用户兴趣

提问也是直播标题表达的形式之一，对于提问型的直播标题，我们需要把握以下几大要点，具体内容如下。

（1）疑问句式

在直播标题的撰写中，疑问句式的标题效果主要表现在两个方面，一是疑问句式中所涉及的话题大多和受众关系比较密切，所以受众的关注度比较高；二是疑问句式本身就能够引起受众的注意，激发其好奇心，从而促使受众点击直播。

疑问句式的直播标题都有一些比较固定的句式，它们通常都是提出某个具体的问题让受众反思,当受众对此产生兴趣和好奇之后,就有想到直播内容当中寻找原因和答案的冲动,这样无形之中就提高了直播的点击率。

图2-18所示为疑问句式的直播标题案例。

图2-18 疑问句式的直播标题案例

(2)如何式提问

运用如何式的提问型标题有利于帮助用户解决实际问题。图2-19所示为如何式的直播标题案例。

图2-19 如何式的直播标题案例

上面案例中的直播标题为"教你如何成为一个优秀的Python程序员",对想学Python的人有很大的吸引力。这样的标题能精确直播的受众人群,帮助主播快速找到目标用户。

(3) 反问标题

反问句是一种特殊的疑问语句,其作用是加强语气,将这样的句式运用到直播的标题中能引发受众反思,给受众留下深刻的印象。反问句分为肯定反问句和否定反问句,但常见的句式大都是否定反问句,也就是表示肯定的意思。图2-20所示为反问句型的直播标题案例。

图2-20　反问句型的直播标题案例

从上面的直播标题案例中我们可以看出,主播通过"难道你们没有手机吗"的反问,来表达"你们应该有手机"的猜测。反问句式的直播标题有强调的作用和效果,更能引起受众的注意和兴趣。

(4) 文题相符

所谓文题相符就是指直播的标题中所提的问题要和直播的内容相符合,不能做恶性的标题党。恶性标题党为了吸引受众的注意力,一味地虚构标题,这样做既欺骗了受众的感情,也浪费了受众的时间。

如果直播标题的提问和直播内容完全没有联系,即使受众被标题吸引而进入直播间,也会在观看直播内容时逐渐失去兴趣。这样不仅会降低受众的观看体验感,还会引起受众的反感,导致受众的流失。

2.2.5 语言：提升直播标题创意

语言型标题，即利用修辞表达方式提升标题语言的表达效果。下面就来详细讲解语言型标题在直播间的各种运用。

（1）运用比喻

在内容写作中，常用的比喻修辞手法有明喻、暗喻和借喻。它们的区别如图2-21所示。

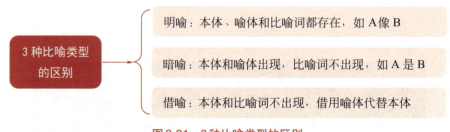

图2-21　3种比喻类型的区别

例如，"听歌像吃巧克力，永远不知下一首"这个直播标题，是典型的明喻修辞手法，把听歌这件事情比喻成吃巧克力；"原来你是我最想留住的幸运"则是运用了暗喻的修辞手法，把人比作幸运，充满了浪漫主义情怀。

（2）事物拟人

拟人就是将事物人格化，把本来不具备人的一些特征的事物变成跟人一样具有动作、语言和情感。运用拟人的修辞手法可以使描写更加生动形象，具有生命力。

某游直播标题为"早起的猫儿有鱼钓"，很明显猫是不会钓鱼的，这里运用拟人的修辞手法，将猫人格化了，使得直播标题更加新颖而有创意，更加吸引受众的眼球。

（3）标题对偶

对偶也称之为对仗，是指字数相等，意思相近，对仗工整的句子。这样的句子前后联系十分紧密，不可分割，在文学创作上经常用到。对偶的运用能使句子结构更富有层次感，韵味十足，更能吸引人的注意。

对偶式的标题节奏感很强，读起来朗朗上口，且易于记忆，所以这也使得直播标题更容易传播和推广，从而达到提升直播间人气和点击率的目的。

在直播标题上运用对偶时需要注意，每个短语或者句子的字数不能太长，因为直播标题的字数有限制，而且太长读起来比较拗口，容易产生视觉疲劳，降低受众的体验感。所以，主播在撰写对偶式的直播标题时，字数要尽量精简、凝练。

某游戏直播标题为"人菜瘾又大，排位输到炸"，读起来很有节奏感，而且朗朗上口，这也是主播的一种自我调侃。

（4）用谐音梗

谐音就是用同音或近音字来代替原本的字，以产生趣味的修辞手法，这种手法经常被应用于创意广告的文案中，用来吸引受众的眼球。

在直播标题中，使用谐音梗能让标题更加形象有趣，大大提高了标题的吸引力和关注度，也能让受众明白主播想要表达的意思。

（5）利用幽默

幽默式的直播标题能让受众会心一笑，激发其观看直播的兴趣。图2-22所示为幽默式直播标题案例。

图2-22　幽默式直播标题案例

上面案例中的直播标题为"莫得感情的香蕉头"，受众看到这个标题会觉得主播是个幽默风趣的人，并对直播内容产生浓厚的兴趣，进而点击观看。

（6）合理用典

在标题中运用典故能使直播标题更富有历史趣味，提升直播的档次和内涵，吸引更多的人进来观看。图2-23所示为典故式直播标题案例。

图2-23 典故式直播标题案例

该案例的直播标题为"三顾茅庐",这个典故可谓是家喻户晓,尤其是对于看过《三国演义》小说和对历史感兴趣的人来说更是烂熟于心。采用这个典故作为直播视频的标题,意在告诉受众直播中的游戏内容情节是和"三顾茅庐"这段历史有关的,这样能吸引对此感兴趣的人点击观看。

第3章

内容策划：打造出爆款直播间

本章主要介绍了8种直播类型，从6个方面讲述如何打造优质火热的直播，还分析了直播的两种特质、直播内容的3种模式，以及直播文案的写作技巧，帮助大家做好直播的内容策划，打造出爆款直播间。

3.1 形式：8种直播类型

本节分别讲述了8种直播类型，秀场直播、活动直播、体育直播、游戏直播、生活直播、教育直播、二次元直播以及脱口秀直播。

3.1.1 秀场：通过才艺展现自我

秀场直播的表现形式体现在唱歌跳舞上，面向的主要是三四线城市的人群，直播的目的大多是满足用户的猎奇心。直播房间内设置有虚拟礼物，可通过人民币充值的形式购买，这也是秀场直播主要的盈利方式。

图3-1所示为秀场直播平台的盈利模式。

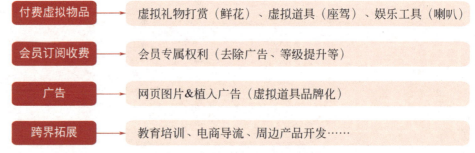

图3-1 秀场直播平台的盈利模式

3.1.2 活动：策划宣传扩大影响

活动直播主要是商家或企业为了做宣传而策划的直播，电商平台的直播带货也属于活动直播的形式之一，如图3-2所示。

图3-2 活动直播

3.1.3 体育：提供精彩赛事观看

传统的体育直播就是体育赛事直播，主要针对球迷或运动爱好者，例如篮球、足球、斯诺克、网球、排球等。热门的体育直播赛事主要有：NBA、CBA、世界杯、英超等。体育直播平台的出现，让这些运动爱好者也成了赛事解说员，再利用自身的知识和风趣的语言来吸引用户观看。

图3-3所示为24直播网的部分热门体育赛事。

已结束	09-10 20:30	中超	上海上港	2 — 1	青岛黄海青港	录像/集锦
已结束	09-11 03:00	法甲	朗斯	1 — 0	巴黎圣日尔曼	录像/集锦
已结束	09-11 07:00	NBA	火箭	100 — 110	湖人	录像/集锦
已结束	09-12 03:00	法甲	波尔多	0 — 0	里昂	录像/集锦
即将开始	09-12 19:30	英超	富勒姆	* — *	阿森纳	直播
即将开始	09-13 00:30	英超	利物浦	* — *	利兹联	直播
即将开始	09-13 08:00	NBA	湖人	* — *	火箭	直播
即将开始	09-13 20:00	中超	山东鲁能泰山	* — *	广州恒大淘宝	直播

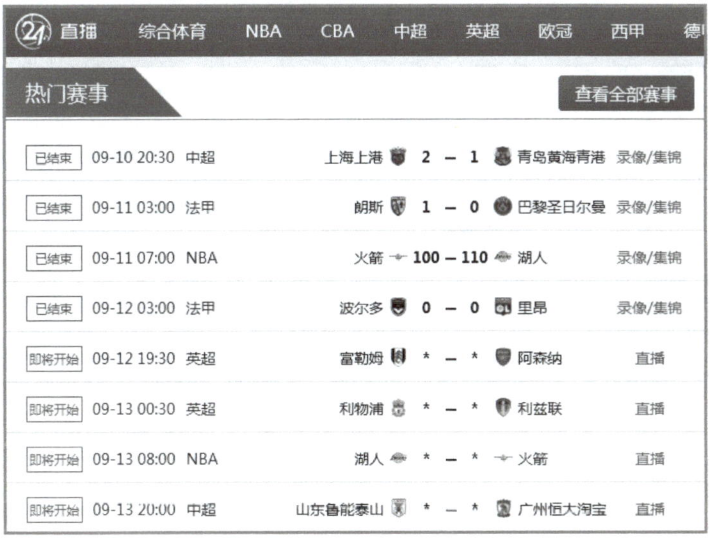

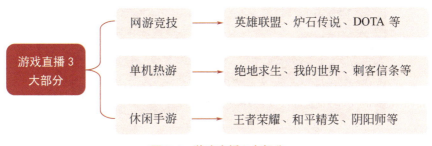

图3-3　热门体育赛事

3.1.4　游戏：秀出高超竞技操作

传统的游戏直播主要是主播现场进行游戏，它的制作成本和准入门槛都很低。不需要秀场直播所具备的跳舞和唱歌，游戏技术精湛即可。

观看游戏直播的用户主要是游戏爱好者，用户黏性较大，但相较于秀场直播来说，游戏直播需要更高额的版权费用。传统的游戏直播平台主要有虎牙、斗鱼、战旗。游戏直播构成分为3大部分，如图3-4所示。

图3-4　游戏直播3大部分

图3-5所示为王者荣耀的游戏直播。

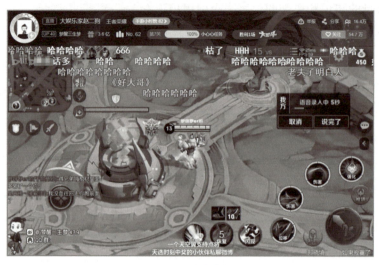

图3-5 游戏直播

3.1.5 生活：分享日常动态点滴

这类直播似乎变得更为简单，吃饭、逛街、钓鱼等都可以成为直播的内容。主播只需将自己的日常生活、衣食住行等动态展示到网络中，就能获得粉丝的关注。图3-6所示为哔哩哔哩平台自制烤鱼片的美食直播。

图3-6 美食直播

除了美食之外，在哔哩哔哩直播的生活区，还有户外、萌宠、影音馆的分类，主播可根据自己的生活喜好来进行直播。图3-7所示为萌宠直播内容页面。

图3-7 萌宠直播内容页面

3.1.6 教育：利用知识吸引用户

教育直播打破了传统教育所具有的个别地区优势的局限，将一二线城市的教育通过直播的形式普及到其他城市，将一二线城市优质的教师资源共享到其他城市，弥补教育资源的失衡，为其他城市孩子的教育问题提供了解决方案。

在线教育的普及，也为想要提高成绩的学生提供了资源，满足学生冲刺、考上好学校的需求。

教育直播不同于传统课程，想要从中脱颖而出得到更多流量，必须要有其特性或吸引力。教育直播的类型有很多，并不局限于学校的教程、琴棋书画，也可以是生活中的常识、服装搭配、运动健身等技能。

在教育直播内容的安排上要具有趣味性，例如科普类知识。在许多人眼里，科学、数学、物理或许枯燥乏味，所以在此类直播中，我们就需要把科学的知识趣味化、通俗化。也可以将它与历史学、哲学、社会学或其他学科结合起来，同样可以提出一些趣味性问题与用户互动，引发用户自主思考，调动用户积极性。此外，还可以利用手绘方式进行科普。

在线教育的发展大致经历了三个过程：第一个时期是传统网校音频 + flash课件的1.0时代，例如101网校；接着进入了O2O大潮的视频录播2.0时代；最后到如今全民直播的3.0时代。

教育直播利用直播平台的弹幕形式,解决了学生与老师之间的互动问题,增强了课程的交互性,弥补了传统教育师生之间缺少互动的缺陷,同时直播课程的回放功能,可以让学生针对不懂的知识点进行反复回顾。

教育直播对用户有3大好处,如图3-8所示。

图3-8 教育直播对用户的3大好处

从知识分享者角度来讲,教育直播可以让个人的才能得到提升和增值,通过直播平台可以传递给上千万用户,从而提升个人影响力。图3-9所示为哔哩哔哩的学习直播。

图3-9 学习直播

3.1.7 二次元:独特ACG文化

二次元直播的形式有许多,例如漫画手绘教程、二次元类的游戏直播、漫展的直播、虚拟主播等，主要集中于绘画、手游、游戏、娱乐这四大类中。图3-10所示，为绘画直播。

图3-10　绘画直播

在娱乐类的二次元直播中，主播常常会Cosplay（指角色扮演），有的还会进行才艺表演，例如唱歌、跳舞等。

3.1.8　脱口秀：幽默搞笑的节目

脱口秀常常会给人带来欢乐，除了脱口秀以外，还有一些单口喜剧、喜剧小品、相声系列的直播，这些都十分受欢迎，有许多类似的节目，例如腾讯和笑果文化联合出品的《吐槽大会》。脱口秀直播的形式较为简单，并且门槛低，所以一直都很火热，在脱口秀之中，很多都属于黑色幽默，主播常常以自嘲的方式讲述自己的故事。

> **专家提醒**
>
>
>
> 中国传统相声也十分热门，例如德云社的相声。相声按照人数可以分为单口相声、对口相声、群口相声，相声类的直播节目也十分受欢迎。

3.2 内容：打造优质火热直播

了解了直播的种类，那我们该如何进行直播呢？本节主要讲述直播内容的制作，什么样的直播内容能使主播获得更多的粉丝？热门的直播间又有哪些共同之处？本节逐一讲解。

3.2.1 封面：用吸引眼球的图片

在直播平台上有各种各样的直播，怎么样才能在众多直播中吸引用户流量呢？首先就是你的直播间封面，外表包装能影响他人的第一印象，人们对于美的事物都更具有好感，因此好看的封面更能吸引用户的点击。以下是一些常见的直播封面类型。

① 自拍照片。这样的封面一般适合秀场主播、美妆主播等，可以让用户直接通过封面就能选择主播，有利于用户对喜欢的主播进行筛选。

② 游戏画面。通常为游戏直播的封面，如图3-11所示。有的封面角落还会显示主播，让观众一看就知道这是什么游戏。

图 3-11　以游戏画面为封面的直播

③ 动漫人物。图3-12所示为以动漫人物为封面的直播，这一类型的封面在哔哩哔哩直播平台上更为常见。

图3-12　以动漫人物为封面的直播

④ 绘画作品。对于绘画类的直播可以直接用作品作为封面，如图3-13所示。这样更有利于观众了解你的画风以及绘画水准，吸引同好观看。

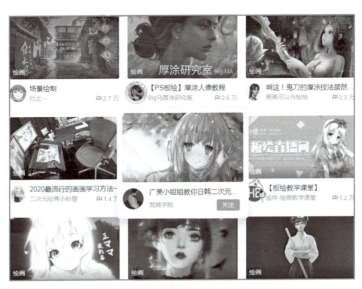

图3-13　以绘画作品为封面的直播

⑤ 产品外观。电商类直播的封面，通常要重点展示所带货的产品。以淘宝直播为例，该平台的直播封面通常为产品外观，如图3-14所示。

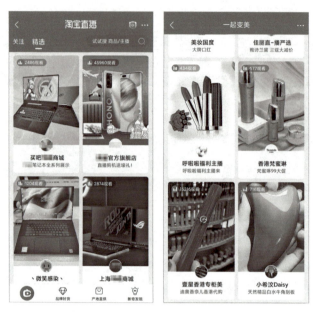

图3-14　以产品外观为封面的直播

主播需要让用户知道你所带货的产品，这样才能让用户知道你所直播的大致内容，可以是美妆产品、服装产品等。

3.2.2　包装：增加直播的曝光度

与直播封面同样重要的是直播的内容，包括直播间标题、直播间的内容安排，以及文案的准备。直播间标题上一章已经讲过了，接下来讲述直播的内容和直播文案。

以娱乐型的直播为例，直播的流程安排会影响用户的体验感。传统的娱乐直播主要是进行才艺展示，新颖的直播方式包括云Live直播的形式，例如抖音平台的DOU Live系列的活动，将原本现场的Live活动搬至线上，更好地表现出音乐现场的氛围。在进行直播时，可以选择传统的形式，也可以选择新颖的方式，但云Live的形式通常邀请的是明星艺人。

MCN（Multi-Channel Network）机构会对主播进行包装、培训，帮助主播进行个人打造，但如果是个人主播，在进行直播之前，需事先准备才艺，如唱歌或者跳舞，计划好直播的时长，在表演时，还可以进行互动抽奖环节。此外，直播中播放的歌单、直播的妆容、聊天的话术都十分重要。

（1）直播歌单

歌曲的选择需要符合时下年轻人群的喜好，例如节奏轻快、易于哼唱的华语歌或者节奏感强的英文歌等，有的主播会在直播间分享网易云的歌曲。图3-15所示为某主播的直播歌单。另外，也有些用户会对主播的直播歌曲进行整理，方便直播后收听。

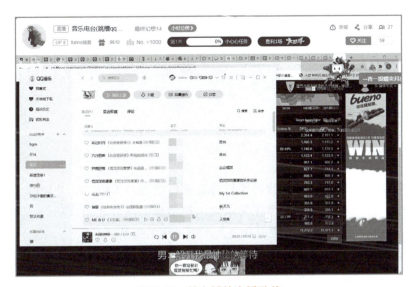

图3-15　某主播的直播歌单

（2）直播妆容

直播妆容可以根据主播的风格来选择，性感或者可爱是秀场主播常见的风格，主播通常还会选择相应的服饰进行搭配或者佩戴相应的头饰；可爱型的主播可以选择双马尾，以及少女的服饰；性感风格的主播则可以将头发放置一侧。

（3）直播话题

许多新人主播可能会面临直播时没有话题的情况，接下来为大家提供一些解决没话题的方法。

① 侧重于表达。主播聊天的语气会影响直播间的氛围和用户的感受，同一句话的不同表达会带来不同的效果。

② 讲述故事。故事是最能让人接受，并且最吸引人的话题，从出生开始我们就接触童话故事，因此讲述故事也能很好地调节直播间的氛围。细节往往是最生动最打动人的地方，因此在讲述故事时，主播可以利用细节打动观众。

③ 联想聊天。联想聊天主要是通过话语中的关键词进行联想，例如利用弹幕，选择合适的词语进行话题的延伸。

主播在聊天时，需要注意把握分寸。无论是与人交流时的表达，还是讲述事情时的语气，都需要维护自身的形象，不恰当的措辞可能会断送自己的主播生涯，甚至遭到禁播的处罚。

3.2.3　故事：营造画面，打动人心

以电商直播为例，直播的内容只有真正打动用户的内心，才能吸引他们长久地关注。也只有那些能够留住与承载用户情感的内容才是成功的。在这个基础上加上电商元素，就有可能引发更大、更火热的抢购风潮。

直播内容并不只是用文案堆砌起来就完事了，而是需要用内容拼凑成一篇带有画面的故事，让观众能边看边想象出一个与生活息息相关的场景，这样才能更好地勾起观众继续观看的兴趣。简单点说，就是把产品的功能用内容体现出来，不是告诉观众这是什么，而是要告观众这个东西是用来干什么的。

3.2.4　亮点：直播内容要有侧重

无论什么样的直播，都需要有侧重点，例如绘画类的直播，侧重的就是绘画技巧和绘画教程。游戏直播的重点就是玩游戏，在游戏直播中，也有娱乐型主播，这类主播主要借助游戏来进行娱乐直播，娱乐为主，游戏为辅。

3.2.5　创新：利用技术升级直播

直播市场可以说是群雄逐鹿，各种垂直化、综合化、功能化的内容平台都在并行发展。当然，这其中不乏很多技术创新平台，主要包括VR技术、AR技术、全息技术和3D立体技术等直播内容新技术。

（1）VR技术

虚拟现实（Virtual Reality，简称VR）这个词最初是在20世纪80年代初提出来的，它是一门建立在计算机图形学、计算机仿真技术学、传感技术学等基础上的交叉学科。在直播内容中运用VR技术可以生成一种虚拟的情境，这种虚拟的、融合多源信息的三维立体动态情境，能够让观众沉浸其中，就像经历真实的世界一样。

（2）AR技术

增强现实（Augmented Reality，简称AR）其实是虚拟现实的一个分支，它主要是指把真实的环境和虚拟环境叠加在一起，然后营造出一种现实与虚拟相结合的三维情境。增强现实和虚拟现实类似，也需要通过一部可穿戴设备来实现情境的生成，比如谷歌眼镜或爱普生Moverio系列的智能眼镜，都可以将虚拟信息叠加到真实场景中，从而实现对现实增强的功能。

可以预测，更多企业都会将AR技术与直播结合起来使用，以此形成较大的影响力，从而增强自己的市场地位。

（3）全息技术

全息技术主要是利用干涉和衍射原理的一种影像技术，首先通过干涉原理将物体的光波信息记录下来，然后利用衍射原理将这些光波信息展现为真实的三维图像，立体感强、形象逼真，让观众产生真实的视觉效应。

无论什么样的直播，都应该先丰富自身内在，而全息影像技术正是一种增强直播的好手段，可以为用户带来更加精致的内容。

（4）3D立体技术

3D立体技术主要是将两个影像进行重合，使其产生三维立体效果，用户在观看3D直播影像时需要戴上立体眼镜，即可产生身临其境的视觉效果。

在3D、VR蓬勃发展的今天，企业可以将这些高新技术运用在网络直播中或IP内容中，这也是值得让人期待的。

3.2.6 创意：注重直播内容创新

创意不仅是直播营销发展的一个重要元素，同时也是必不可少的"营养剂"。互联网创业者或企业如果想通过直播来打造自己或品牌知名度，就需要懂得"创意是王道"的重要性，在注重内容质量的基础上更要发挥创意。

一个拥有优秀创意的直播能够帮助企业吸引更多的用户，创意可以表现在很多方面，新鲜有趣只是其中的一种，还可以是贴近生活、关注社会热点话题、蕴含生活哲理、包含科技知识和人文情怀的内容。

对于直播营销来说，如果缺乏创意，那么整个内容只会成为广告的附庸品，沦为庸俗的产品，因此企业在进行直播内容策划时，一定要注重创意性。

3.3 特质：打造差异化的运营

主播进行直播时，内容往往是最值得注意的。只有提供优质内容，才能吸引用户和流量。本节就来分析直播内容的两大特质，为创造优质内容打好基础。

3.3.1 情感：带动情绪，引起共鸣

加入情感特质容易引起人们的共鸣，能够唤起人们心中相同的情感经历，并得到广泛认可。主播如果能利用这种特殊的情感属性，那么将会得到更多用户的追捧和认同。

有的直播内容就是以情感为主题，最常见的是电台直播，如图3-16所示。

图3-16　情感类的电台直播

也可以利用感情带动受众情绪，可以介绍自己的经历，最好是正能量、积极向上的，这样的表达在选秀直播节目中最为常见。这种情感融入不光让受众产生共鸣，还会增加彼此之间的联系以及信任程度。

3.3.2 粉丝：流量获取，运营变现

"粉丝"这个词相信大家都不陌生，那么"粉丝经济"呢？作为互联网营销中的一个热门词，它向我们展示了粉丝支撑起来的强大IP营销力量。哪个行业的粉丝数量最为壮观呢？当属影视行业。纵观当下的娱乐节目，一开播甚至还未开播就已引得无数粉丝关注和议论。

网红或者明星进行的直播带货，相当于将货物人格化，只需要和店铺合作即可。因此，并不要求主播拥有自己的货源，更多的是用户出于对主播的喜爱和信任而产生的消费，即粉丝经济。

粉丝经济不仅带来影响力和推广力，最重要的是将粉丝的力量转变为实实在在的利润，即粉丝变现。粉丝不仅能为企业传播和宣传品牌，还能为企业的利润赚取做出贡献。

（1）粉丝的获取

有的平台在粉丝关注主播后会显示相关推荐，这种形式称为粉丝的裂变，如图3-17所示，这种同类推荐的方式有助于主播增加粉丝。

图3-17　相关推荐

从其他的社交平台也可以为主播的直播间进行粉丝引流，例如利用百度搜索引擎、百家号以及百度贴吧也都可以用作引流的入口。百家号是百度旗下的一个自媒体平台，于2013年12月份正式推出，主播入驻百度百家号以后，可以在该平台上发布文章。百家号和百度贴吧的流量资源作为支撑，能够帮助主播进行直播的推广，扩大流量来源。

百家号上涵盖的内容有5大模块，即科技、影视娱乐、财经、体育和文化。且百度百家平台排版十分清晰明了，用户在浏览信息时非常方便。

值得一提的是，除了对品牌和产品进行宣传之外，主播在引流的同时，还可以通过内容的发布，从百家号上获得一定的收益。总的来说，百家号的收益主要来自3大渠道，具体如下。

① 广告分成：百度投放广告，盈利后获得一定分成。

② 平台补贴：包括文章保底补贴和百+计划等奖励补贴。

③ 内容电商：通过内容中插入的商品所产生的订单量和分佣比例来计算收入；电商直播的店家，还可以在线下店铺进行引流，让顾客转发朋友圈，商家在朋友圈中可以发布直播的信息。

（2）粉丝的运营

以淘宝直播为例，淘宝直播针对粉丝的运营为主播提供了一个功能——亲密度管理，亲密度增加的规则可以由主播设置，例如每日观看直播、发布一则评论之后，分别增加2分；关注主播、观看时长超过4分钟都增加5分；还有点赞和分享次数达到多少次可增加不同数值的积分等。

用户在观看直播时，会在左上方进行亲密度提示，如图3-18所示。

图3-18　亲密度提示

其他类型的直播对于粉丝都具有分层的规则，主要依照粉丝对主播的打赏程度划分。以斗鱼直播平台为例，在主播的直播间内，右侧会显示粉丝团，并且加入超级粉丝团会享有相应的直播间特权，如图3-19所示。

图3-19 超级粉丝团以及玩法介绍

3.4 来源：直播内容3种模式

不管是做新媒体还是直播，内容的创作都是最为重要的，内容的来源可以是自己想的，也可以是借鉴别人好的创意再进一步改进和完善，并加入自己的特色。前面提到过直播内容的3种常见形式，那么我们该如何寻找内容素材呢？为大家总结了以下几种方法，如图3-20所示。

俗话说："艺术来源于生活。"主播创意和灵感的产生离不开丰富的内容素材，因为个人的想象能力毕竟是有限的，思维的散发需要借助参考源才能得到启发。所以，对于主播来讲，要想源源不断地输出优质的直播内容，平时的内容素材积累是非常重要和必要的。

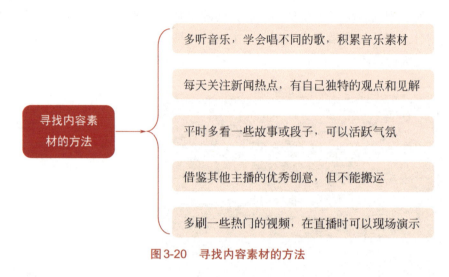

图 3-20 寻找内容素材的方法

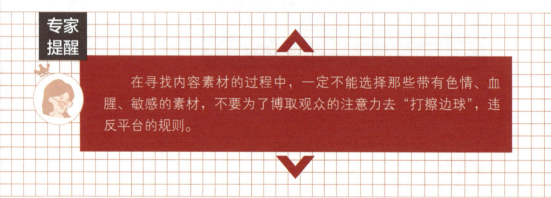

专家提醒

在寻找内容素材的过程中，一定不能选择那些带有色情、血腥、敏感的素材，不要为了博取观众的注意力去"打擦边球"，违反平台的规则。

对于内容创作者而言，直播或新媒体的内容是 PGC、BGC、UGC 的相互融合，那它们的定义分别是什么呢？如图 3-21 所示。

图 3-21 PGC、BGC、UGC 的定义

3.4.1 PGC：专业生产内容模式

PGC（Professional Generated Content）是一个互联网术语，指专业生产内容，也称PPC。在直播营销的领域中，PGC的Professional主要指话题性人物，一共有3类，即明星、网红、名人（非娱乐圈的）。

（1）明星

每年的"双十一"电商购物节越来越热闹，影响力越来越大，成交金额总数不断打破纪录，中国人的购买力让全世界瞠目结舌。特别是近年来，直播带货行业的兴起和火热让许多人心动不已，于是娱乐圈的明星顺应时代潮流，纷纷进入这个领域，利用自身的优势获得更多的利益，这是中国社会的消费需求和消费水平飞速增长的必然结果。

最典型的一个案例就是巴黎欧莱雅的戛纳电影节明星直播，在这次直播活动中，巴黎欧莱雅是戛纳电影节的主要赞助商，并聘请了众多知名明星直播助阵，明星向用户介绍欧莱雅产品，配合官网进行产品促销。

因为有各大明星的参与，这种直播营销的内容受到用户喜爱，使其品牌的产品销量取得不错的成绩。但是请明星直播营销产品的成本也是巨大的，其投入产出比还有待评估。

（2）网红

由于请明星的成本很大，有些实力较弱的企业或者商家就会选择请网红进行产品的营销直播，但是一般来说，网红的影响力不如明星，所以企业在请网红直播的时候，通常会采用"人海战术"，用多个网红一起进行产品的介绍和营销。

一名网红的粉丝和影响力虽然有限，但多名网红进行直播的话，就会把各自的资源和优势进行叠加，使得直播间的人气和效果达到最大化，这是电商直播带货常用的方法之一。

（3）名人

除了明星和网红，各界知名人士的直播也非常火热，比如企业家或商界大佬。例如5月25日19点，小米公司董事长通过视频直播的方式，对外发布了小米首款无人机产品。在发布会的直播中，他详细地介绍了小米无人机的产品功能和配置参数，并现场演示了无人机的试飞过程。

图3-22所示为小米无人机纯直播发布会海报。

图3-22 小米无人机纯直播发布会海报

在很多产品发布会的直播中，公司CEO或者高管亲自上阵直播介绍产品，利用自身的知名度和影响力来使产品获得更多的曝光度，从而为新产品的预约和销售做好铺垫。

3.4.2 BGC：品牌生产内容模式

BGC（Brand Generated Content）是指品牌生产内容，其作用就是展示品牌的文化内涵和价值观。其实直播营销、视频营销和软文营销的本质上没有什么区别，都非常重视内容的创意，但是这种创意的优质直播营销内容并不多见。

例如，英国的高端连锁超市Waitrose的特色是售卖新鲜的食材，为了向世人展示自己的特色，Waitrose在YouTube开设专属频道直播食材供应源头的实时画面。图3-23所示，为Waitrose超市的食材商品展示。

该直播虽然看久了可能会有点无聊，但却抓住了人们对于食品安全问题的高度重视和密切关注的需求，在直播过程中无形地传递了Waitrose超市"绿色环保"的品牌文化和价值观，使人们能够放心地去购买产品。

我们再来看一个案例，Adidas Originals是阿迪达斯旗下的运动经典系列，它以"三叶草"作为标志，具有强烈的复古感。为了推广即将发布的ZX Flux新款产品，阿迪达斯联合哔哩哔哩视频平台在上海旗舰店举行了"Flux it！创作直播"，如图3-24所示。

图 3-23　Waitrose 超市的食材商品展示

图 3-24　Flux it！创作直播

这场基于 ZX Flux 新款产品造型的现场绘画直播，可以根据受众的弹幕随时变换鞋面色彩、图案等创作元素，为受众展示了一场千变万化的涂鸦艺术。

3.4.3　UGC：用户生产内容模式

UGC（User Generated Content）是指用户生产内容，也就是用户将自己的原创内容在互联网平台分享或提供给其他用户。UGC 也可称为 UCC，随着互联网的发展，用户的交互作用得以体现，用户既是内容的需求者，也是内容的供给者。

智能手机的普及和上网成本的减少使得移动互联网快速发展，从而带动直播的火热，随着直播内容边界被无限扩展，对于直播营销而言，怎样让受众都能参与这种"无边界内容"是要考虑的根本问题。

直播营销的UGC不光指的是弹幕的评论功能，除了要和专业生产内容、品牌生产内容互动之外，还要让其内容更加丰富有趣。直播有着社交属性，通过评论功能让用户参与互动，从而建立联系。

PGC、BGC和UGC三者之间是可以互相转化且相互影响的，所以企业在进行直播营销时要考虑以下这些问题，如图3-25所示。

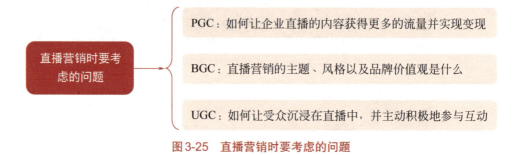

图3-25 直播营销时要考虑的问题

3.5 营销：直播文案写作技巧

在直播带货的过程中，主播要事先写好相应的文案，这样才能在营销产品时更好地转化用户，促使其下单购买产品。接下来讲述直播间涉及的文案类型和写作技巧，以帮助主播更好地营销产品。

（1）直播宣传文案类型

直播宣传文案类型分为预热宣传文案和产品宣传文案，预热宣传文案是指直播开始前的预热宣传，而产品宣传文案则是指直播间产品的相关介绍。

① 预热宣传文案。预热宣传文案主要可分为宣传海报和视频推广。2020年

4月1日晚上8点，某网红在抖音平台上直播带货，他除了联合抖音设计了一组倒计时的海报文案以外，还在个人抖音号上发布视频进行推广。

② 产品宣传文案。在直播带货的过程中，主播应该将产品重要的卖点信息罗列出来，主要包括：产品品牌、产品亮点、优惠价格以及上架产品。下面逐一地来进行分析，其具体内容如下。

- 介绍产品的品牌是什么，例如某主播在直播间带货一款中性笔时就向受众展示了是小米品牌。
- 介绍产品的卖点，例如在介绍这款中性笔时，将其亮点总结为"3.92毫升，是普通芯的6倍"。
- 讲完产品品牌和亮点之后，就要着重突出价格优势了，例如这款中性笔一盒10支才9.99元，相比市面上的同类产品便宜了不少，相信这样优惠的价格肯定能让受众心动不已。
- 最后一个环节就是上架产品了，在介绍完所有信息之后，主播就要告诉受众产品即将上架，准备好下单抢购了。关于代表产品上架的文案词有很多，比如："上灯""上刀""上CEO"等。

（2）设置悬念引起好奇

在直播预热宣传文案中，设置悬念可以引起受众的好奇心，引导受众互动，达到直播宣传推广的效果和目的。下面我们来看设置悬念的技巧在直播文案中的运用，如图3-26所示。

图3-26　设置悬念

从上面的案例中我们可以看出，文案采用填空题的形式来设置悬念，受众看到该文案时就会思考中间空缺的内容是什么，从而想观看直播。

（3）数字冲击增强视觉

在直播文案的撰写中，运用精确具体的数字能让受众更直观地感受到产品的实力和优势，造成视觉上的冲击。

（4）通过比较突出优势

在产品的营销中，经常会通过和同类产品对比或其他事物的类比来突出自家产品的优势，让消费者更加直观深入地了解产品的特点。这种比较的手法也被应用于直播带货中，比如前面讲到的某主播在介绍小米中性笔时，就拿普通笔芯做对比。

除了对比的手法，主播还可以通过和其他事物的类比来让受众更加具体、形象地了解产品的优势。比如，著名的香飘飘奶茶广告文案中，为了突出产品的销量之高，拿地球作类比，卖出去的杯子连起来可绕地球3圈。

（5）描述场景促使购买

主播在进行产品的营销时，要学会利用场景描述来激发用户的购买欲望。场景的描述主要分为构建使用场景和产品卖点的场景联想。

构建产品的使用场景目的在于挖掘用户的痛点，给用户提供一个购买产品的理由。比如，在介绍电热锅时，可以给用户提供这样的使用场景："没有燃气灶又想做饭的宿舍神器"。

场景联想主要是为了形象地表达产品的卖点和优势。例如，某主播在直播带货香水时，就经常利用说辞来构建一个个具体的场景，像"恋爱中的少女，开心地去找男朋友，那种很甜的感觉""穿着白纱裙，在海边漫步的女生，非常干净的那种感觉""下过小雨的森林里的味道"等。

通过这些具体的场景描述，可以让用户产生联想，激发购买欲望，从而提升直播间的产品销量。

第4章

脚本策划：
让直播间步入正轨

对于新人主播来说，无法做到像人气主播那样随心所欲地把控直播的整个流程节奏，也不知道直播要做哪些事情。所以，本章主要介绍直播脚本的5个核心要素、4个主要类型、直播的流程和案例，以及直播活动的策划，帮助大家快速步入直播正轨。

4.1 脚本：5个直播核心要素

对于很多新人主播来说，通常会遇到以下4大难题，如图4-1所示。

对于以上这些问题，我们该如何解决呢？那就是策划直播脚本，这也是本章所要讲的内容。一份详细、专业、可执行的直播脚本能够保证直播的顺利进行，帮助主播把控好直播节奏，规范好直播流程，以达到直播的预期效果。

图4-1 直播的4大难题

另外,直播脚本还能让主播及其团队更好地进行直播的准备工作,提高各工作人员的默契程度。所以,撰写直播脚本是非常有必要的,主要有3个方面的目的,如图4-2所示。

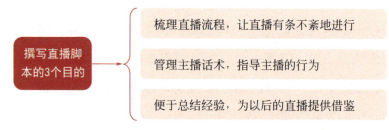

图4-2 撰写直播脚本的3个目的

此外,直播脚本的意义和作用也是巨大的,如图4-3所示。

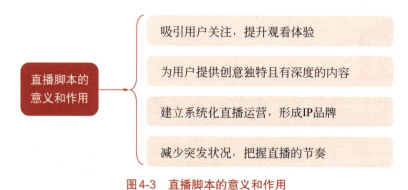

图4-3 直播脚本的意义和作用

想要做好一场直播就得把握好直播的5大核心要素,本节就为大家逐一进行分析。

4.1.1 主题：确定好直播的方向

直播脚本的第一个核心要素就是明确直播主题，也就是要搞清楚直播的目的是什么，以便确定好直播内容的大方向。同时，一个定位清晰的直播主题能够让用户和粉丝知道这场直播能为他们带来什么，以此来吸引精准的流量。

直播需要围绕中心主题来进行，如果内容与主题不相符合，就会有"标题党"之嫌，让别人不知道你的直播所要传达的核心信息是什么，容易导致用户反感，从而造成粉丝的流失。

在确定好主题之后，就要始终紧扣主题去进行直播的内容分享。例如，如果直播的主题是夏季服装促销，就不能介绍其他季节的衣服。主播要尽量忽略和主题不相关的话题和内容，垂直输出内容，这样才能提高直播的效果和主播的专业程度。

明确直播主题对直播营销的作用和效果也是显著的，一个好的直播主题能够大大提升直播的热度和影响力。那么，我们该如何来确立直播的主题呢？可以从以下3个方面入手。

（1）知道直播目的

要想确定好直播的主题，首先就得清楚地知道自己为什么要直播，是为了营销带货还是为了扩大影响、提升知名度。如果是带货，直播的主题就要以产品为主，或者以优惠促销为噱头，吸引用户下单购买；如果是提升自身影响力，那么直播的主题可以取得广泛些。

（2）迎合用户需求

对于商家和企业来说，顾客就是上帝。同样，对于主播来说，观众和粉丝就是上帝。因为观众和粉丝决定了主播的人气和直播的热度，没有粉丝基础和支持的主播是很难火起来的。所以，我们可以从用户的需求出发，迎合其爱好口味来制定直播的主题。

从用户的角度切入主题，最重要的是要了解用户的需求和痛点，那些火爆的直播之所以用户喜欢看，就是因为其迎合了他们的口味。

目前，关于游戏和美妆的直播比较受大众欢迎，因为直播的受众群体绝大多数是年轻人，他们爱玩、追求时尚，比如"微胖女生穿搭撞色拼""苏家时尚减龄牛仔背带""国服荣耀王者上分教学"等。

在迎合用户需求时，需要注意以下3个问题，如图4-4所示。

图4-4 迎合用户需求需要注意的3个问题

此外,各种猎奇类的主题也能够吸引用户的眼球,主播可以从身边的事情中挖掘,同时多去借鉴那些火热主播的做法,这样有利于做出比较优秀的主题。

在一般的直播情况中,都是主播自己决定主题,然后再直接把内容呈现给观众,而如果按照用户的喜好来策划主题的话,就需要主播拥有较强的随机应变能力。发起投票活动让用户自己选择直播的主题就是一种不错的方法,这样可以极大地调动用户参与的热情和积极性。

例如,B站某UP主兼主播为了迎合用户的需求和口味,在下一期的视频或直播的内容主题选择上,发起投票活动,让粉丝们自行选择,如图4-5所示。他充分尊重了观众和粉丝的意见,大大提高了粉丝黏性。

图4-5 让用户投票自行选择主题

（3）抓住时事热点

我们还可以通过时事热点来确定直播的主题，在互联网快速发展的今天，热点就代表了流量。所以，根据热点制定的直播主题能够为直播间吸引大量的用户和流量，增加曝光量和点击量。

在确定直播主题的时候，要时刻关注市场的趋势和变化，特别是那些社会热点事件。不过，主播在找热点的时候需要注意两点：一是要及时，不然就没有多大的意义；二是内容要积极向上，负面敏感的信息不要去碰。

4.1.2　节奏：做好直播现场控制

直播脚本的第二个核心要素就是要把控好直播的节奏，而把控直播节奏的重点在于做好直播场控。

看那些比较优秀的直播脚本不难发现，它们的流程环节安排非常周密，具体到了分钟，如几点开始预热、几点介绍产品、几点进行互动等，每个时间段该做什么事情都安排得明白具体，都按照脚本去执行。

所以，把控直播的节奏其实就是规划好时间，只有确定每个时间段要直播的内容，主播才能从容自如地控制整个直播流程的发展方向，这样做能够优化直播的流畅度，增加受众观看直播的体验感，也就不会出现直播中途突然暂停或者面对突发状况不知所措的情况了。

直播的内容一定要和直播的目的相匹配，这样才有利于直播节奏的把控。那么，究竟该如何使直播内容围绕直播目的来进行呢？我们可以从以下3个方面来入手，如图4-6所示。

图4-6　使直播内容与直播目的相呼应的方法

要做好直播节奏的把控就需要对直播内容进行分阶段设置，罗列出直播的内容大纲，就像在线教育的直播课程一样，讲师在正式上麦讲课之前会做好直播课程课件，对直播内容的知识点进行梳理，这样才有利于受众更好地理解。

除此之外，还需要主播时刻掌握直播间的主动权和控制权，即拥有较强的场控能力。很多新人主播都会遇到一个问题,那就是冷场,由于经验不足,导致主播在自己的直播间没有主场的感觉。如果主播只会被动地回答观众的问题,时间一长,观众当然就会失去兴趣。

所以,主播要学会制造话题,寻找话题。如果能像那些人气主播那样,做到一个人就能嗨翻全场,各种话题都能游刃有余,不管是诗词歌赋还是人生哲学都可以滔滔不绝,并且还能有自己独特的观点和见解,那么就能获得一大批粉丝的喜爱,也就不会陷入冷场的尴尬情况。

要想做到这一点,就要平时注意积累,不断学习和充实自己,增广见闻,开拓视野。当然,主播也可以做到在某一领域非常精通和专业,当你知道许多别人不知道的知识和技能时,自然就会拥有掌控直播间的底气和自信心。

做好直播场控的目的在于调节直播间的氛围,使主播更好地与粉丝互动,同时弱化自己,突出粉丝,增强粉丝的参与感和存在感。对主播来说,做好直播间的场控尤为重要,它对活跃直播气氛、引导粉丝互动、处理突发情况的作用十分巨大,主播场控能力的强弱会直接影响直播节奏的快慢。

直播场控主要有以下几个职能,如图4-7所示。

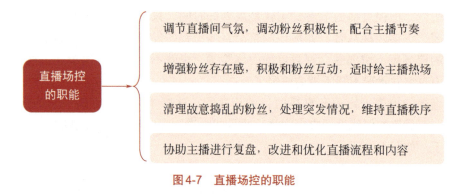

图4-7 直播场控的职能

当然,场控在帮助主播管理直播间的时候,也有一些注意事项,如图4-8所示。

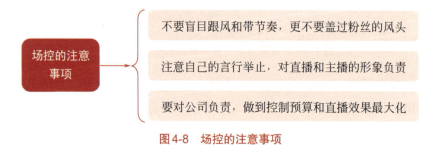

图4-8 场控的注意事项

4.1.3 分工：调度安排好直播人员

在一些大型的直播中，光靠主播一个人是无法使直播圆满完成的，直播的各个流程和环节需要直播团队的配合，所以在脚本上一定要备注好每个人的工作安排和职责，这样一方面能够提高直播运营的效率，另一方面还能培养团队成员之间的默契。

不管什么类型的直播，其团队成员架构一般都包含4个角色，分别是主播、场控、运营和助理。主播负责分享直播内容或介绍产品；场控负责活跃气氛，维持直播间的秩序；运营负责策划，协调团队和对接工作等；助理负责辅助主播进行直播，做好开播的准备工作等。

当然，规模越大的直播团队，其直播工作人员数量也就越多，角色也可能会由于直播的实际需要而增加。下面，以在线教育为例，来介绍教育直播的人员组成结构和具体分工安排。

在线教育的商业模式就是通过免费的公开课直播或试听课直播让用户事先体验产品，用户可以在听完直播公开课之后，选择是否要购买其完整的付费VIP课程。所以，教育直播其实就是一种产品预体验的手段，目的是吸引更多的用户购买付费VIP课程。

因此，在进行公开课直播的整个过程中，会涉及4个成员角色：讲师（主播）、主持、助教和客服。他们的具体分工职责如图4-9所示。

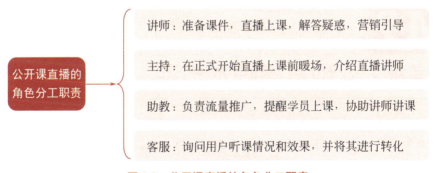

图4-9 公开课直播的角色分工职责

这4个角色的成员之间相互配合，才能吸引更多用户付费学习，实现营销效益的最大化。角色分工清晰，才能让每个人都了解自己在直播当中的职责和定位，更好地发挥价值。

4.1.4 预算：控制直播成本

直播作为一个行业，其运营和操作也是需要一定成本的，比如要给主播及其团队发放保底收益和底薪；做直播活动时送出的奖品或优惠；购买直播所需要的设备和道具的费用等。

所以，对于个人主播或中小型企业、商家而言，需要严格控制直播的预算成本，这就需要我们在直播脚本中提前规划好所有项目支出所能承受的费用，比如设置赠送礼品的名额，礼品的单价不超过多少钱。只有这样，才能用最少的人力、物力成本实现直播收益的最大化。

4.1.5 互动：合理安排活动环节

把优惠、游戏、抽奖等互动环节安排在直播的哪个时间段也是要在直播脚本中提前制定好的，可以在特定的时间设置一些限时、限量的福利活动。一般来讲，抽奖活动是直播互动环节的高潮，合理地利用这些能够有效地提升直播的用户转化率。主播在与用户互动时一定要营造急迫的气氛，反复强调福利的稀缺性和获取方式，比如"优惠大礼包只剩下最后几个名额了，机不可失，时不再来！"除此之外，还可以和用户进行情感互动、故事性互动等，增进感情。

4.2 模板：4种直播脚本类型

本节主要介绍直播脚本的4种基本类型，即大纲脚本、活动脚本、单品脚本和整场脚本，帮助主播选择合适自己的直播脚本。

4.2.1 大纲：规划直播脚本

大纲脚本一般包含9个模块，即直播目标、直播类型、直播简介（直播的主要内容）、人员安排、直播时间、直播主题、流程细节、推广分享、直播总结。

它们的具体内容分别如下。

① 直播目标。首先得制定直播目标，这个目标要尽可能地具体量化。比如：观看人数、转化率、成交额等。

② 直播类型。其次就是要确定直播类型，也就是直播的标签或频道，是要做音乐主播，还是想在游戏区直播，抑或是在电商平台直播带货。这个可以根据自己的爱好或者特长来选择。直播类型的确定实际上就是锁定目标受众的群体，有利于形成自己的风格和特色。

③ 直播简介。直播简介是对直播的核心内容进行提炼和概括，让受众一眼就能明白和了解直播的大概内容。

④ 人员安排。对于较为大型的直播活动来说，个人要想完成直播流程的整个过程是非常困难的，需要组建直播运营团队，安排人员来协助主播完成直播的各项工作，这样能集众人的力量把直播做得更好，同时也减轻主播的负担。

⑤ 直播时间。确定好直播的时间是直播大纲的一个重要组成部分，需要迎合受众粉丝群体的生活习惯和需求。比如，如果是在周一至周五，这段时间绝大部分人都在工作或者读书，所以直播最好选择在晚上进行；如果是在周末，则下午或者晚上都可以，选择合理的直播时间能够增加直播的观看人数。

确定好直播时间之后一定要严格地执行，并且准时开播，这样能在受众心中建立信誉良好的形象，养成受众按时观看直播的习惯，增强粉丝的黏性。

⑥ 直播主题。直播主题本质上就是告诉受众直播的目的是什么，明确直播主题能够保证直播内容的方向不会跑偏。可以从不同角度来确定，比如产品的效果展示、功能特色、优惠福利、方法技巧教程等，主题要足够清晰。

⑦ 流程细节。直播流程细节就是直播的脚本策划，是指开播后直播内容的所有步骤环节，每个步骤环节都有对应的时间节点，并严格按照计划来进行。

⑧ 推广分享。直播开始前和直播进行时要做好直播的宣传推广工作，包括各个平台渠道的引流和推广，尽可能地吸引更多人前来观看，以提升直播的人气和热度。

⑨ 直播总结。直播结束之后，要对直播的整个过程进行回顾，总结经验和教训，发现其中存在的问题和不足，对于一些好的方法和措施要保留和继承，以此来不断地完善和改进自己的直播。

4.2.2　活动：利用优惠折扣促销

活动脚本通常适用于电商平台的直播带货，主播和商家通过在直播间举办优惠、抽奖等活动来增强粉丝黏性，提高产品销量和营业额。直播的活动类型主要有两种，一种是日常活动，另一种是专享活动。

日常活动也就是平时举办的活动，这种活动的次数比较频繁，可以每天都有，但活动力度较小，因为要考虑预算成本；专享活动的特点是较长时间才举行一次，或者不定期举行，活动力度较大，因而对用户和粉丝的吸引力也最大。

4.2.3 单品：介绍产品卖点利益

单品脚本的实质就是只介绍一个产品，主要围绕产品来写，其核心是产品卖点。在撰写单品脚本时，建议大家用表格的形式制作，如图4-10所示。这样一目了然、清晰直观，方便工作对接。

单品脚本	
目标	宣传点
品牌介绍	品牌理念
利益点强调	产品优惠
引导转化	生活需要有仪式感
	走过路过莫错过
直播注意点	关注店铺
	分享直播间
	点赞
	下单

图 4-10　单品脚本示范

从上图中我们可以看出，单品脚本的内容必须包含品牌介绍、利益点强调、引导转化和直播注意点等。以美妆为例，在介绍产品时可以围绕成分、规格、功效、保质期等方面来讲，要及时回答粉丝的问题，与粉丝进行实时互动。

单品脚本一定要做得专业，把产品的卖点提炼出来。直播带货的商品主要有两种变化，一种是产品从线上终端转向原产地，减少了许多中间环节，大大提高了性价比，产品的制作过程通过直播呈现出来。

另一种是可以展示一些免加工的东西给观众看，只需要主播亲自演示即可。在介绍产品时一定要有信任背书，这样才能让消费者对产品质量放心，才能让粉丝信任主播，有利于主播引导转化。

4.2.4 整场：编排直播流程环节

整场脚本就是对整场直播的脚本编写，它是相对于单品脚本而言的，整场脚本里面包含多个单品脚本，而且直播时间也比单品脚本要长得多。

整场脚本的作用是规范正常的直播节奏流程和内容。一般而言，都会包含时间、地点、商品数量、主题等几个要素。下面我们就来看一个整场直播脚本的模板，如图4-11所示。

具体信息	
时 间	2020年9月16日　　20:00-22:00
地 点	阳光新城3栋3单元507
主 题	双十一狂欢，抢大额优惠券
主 播	明镜
注意事项	1）丰富直播间互动玩法，提高粉丝活跃度，增强粉丝黏性 2）直播讲解占比：60%介绍产品+30%回复粉丝问题+10%互动，把控讲解节奏 3）注意粉丝提问，多多互动，进行答疑、聊天等。不要冷场 4）以主打产品为导向，产品链接不需要全部介绍，有粉丝问到再介绍
直播流程	【主播自我介绍】 　　大家好，欢迎来到飞龙文化旗舰店的直播间，我是今天的主播明镜！ • 预热活动，介绍活动主题、优惠信息

图4-11　整场脚本的模板

整场脚本就是对直播的方向思路进行规划和安排，其重点在于逻辑和内容的撰写，以及对直播节奏的把控。一场完整的直播，大概持续4个小时左右，而且中间是不能休息的。

整场脚本需要明确以下5个要点，如图4-12所示。

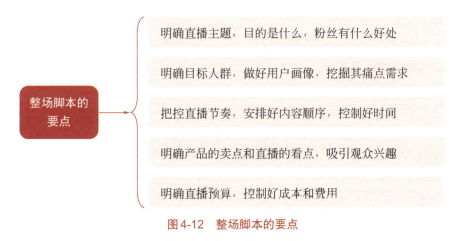

图4-12　整场脚本的要点

4.3 流程：梳理直播流程步骤

本节讲解直播脚本有哪些具体的流程步骤，帮助新人主播做好一个专业、完整的直播脚本，进而快速提升直播效果，提高直播间的人气，增加产品的销量和直播收益。

4.3.1 预热：进行直播的开场白

主播要进行开场预热，开场预热包括向粉丝打招呼、自我介绍、欢迎他们的到来、介绍本次直播主题。在直播的前半个小时左右不需要讲什么具体内容，只需要不断和粉丝打招呼，进行日常的互动即可。

有很多新人主播不知道如何互动，其实很简单，当有观众进入直播间的时候，你可以对他（她）说"欢迎××来到我的直播间"，这样会让对方感到被重视。同时，你也可以和观众唠家常，拉近彼此之间的距离。

另外，还可以在直播间设置一些背景音乐，令人舒缓的轻音乐比较适宜，不要放那些劲爆的DJ舞曲，一般这样的曲子干扰较大，反而会降低主播直播的效果。

进行开场预热还有一个目的就是，一般直播刚开始的时候，是不可能所有的粉丝全部到齐的，所以主播需要在和已到粉丝的互动中等待其他粉丝的到来，只有等粉丝基本到齐，直播间的观看人数较多的时候才可以进入正题，也才能使直播获得最大的效果。

4.3.2 引出：切入话题，调动情绪

等粉丝基本到齐之后，就该正式切入直播的内容了，那究竟该怎么做呢？可以从直播主题或当下的热点事件中引入话题，调动粉丝的情绪。

如果是电商类的直播带货，可以剧透本场直播的新款和主推款，也可以从产品的产地、口碑、销量等数据讲起，引起消费者的兴趣和好奇心。

4.3.3 介绍：突出产品亮点优势

引入话题之后，主播开始介绍直播的产品，可以根据单品脚本进行介绍，重点突出产品的亮点和价格优势。

如果没有单品脚本，可以先将所有的产品款式全部过一遍，不需要做过多的停留，但主推的爆款可以重点介绍一下。在这个过程中，不需要理会粉丝的评论，按照自己的节奏逐一讲解。

然后对每个产品进行详细的介绍和推荐，也可以根据粉丝需求对产品进行有重点的介绍。在直播的过程中，场控根据在线观看人数和产品的订单销售数据来引导主播对解说重点进行调整。当产品解说环节接近尾声时，做呼声较高产品的返场演绎。

在对不同类型的产品进行介绍时，我们需要规划好每个产品讲解的时间，这样才能把握好直播的节奏，使直播顺利地完成。

例如，尾货、零食类商品，节奏要较快，因为用户希望能快速看完，能马上做出决定，时间最好控制在5分钟以内；美妆、服装类的商品由于需要向用户展示体验效果，所以时间以10分钟为宜；而那些家电、数码类的科技产品不仅要进行现场试用，而且要求主播对产品参数、功能特点有足够的了解，所以需要做20分钟的介绍。

主播在进行产品介绍的时候，要有自己的节奏，不能跟着粉丝的想法走，否则会打乱脚本的计划。

4.3.4 互动：利用福利留住粉丝

介绍完产品之后，进入和粉丝互动的环节。可以询问粉丝对于产品的感受和看法，积极回答粉丝的疑问，充分了解其需求。不过最重要的是要想办法提高用户转化率，激发粉丝的购买欲望。

需要主播将直播的福利优惠活动告诉粉丝，或者发起抽奖送礼活动，提高粉丝的参与积极性，尽量留住粉丝。

4.3.5 结束：引导关注，进行预告

当直播快要结束时，要对本次内容做一个总结，并感谢粉丝和观众观看直播。对于那些第一次观看直播还未关注主播的用户要引导关注，预告下次直播的时间和福利活动。

当然，主播还需要教粉丝如何领取优惠券和购买商品，这也是直播带货中最为重要的部分，如果主播忘了这一步，之前的努力基本上都白费了。

4.3.6 复盘：做好直播收尾工作

下播并不意味着直播的结束，主播还需要对本次直播进行复盘，对直播的整个过程进行回顾，从中发现和总结优点和不足，并制定出解决方案，不断完善和优化直播脚本，为以后的直播提供经验和借鉴。

只有不断地复盘和总结，才能提高直播技能和水平，使自己快速成长，对于脚本的应用也会更加炉火纯青。一个优秀的直播脚本一定会有上述所讲的这些流程步骤，它可以让直播有条不紊地进行下去，而不是临时发挥。

直播结束以后，主播要及时发放活动礼品或红包，确保用户的直播体验，也有利于树立自己的威信和增强粉丝黏性。主播还可以将直播视频剪辑处理，发布到各大互联网平台进行宣传推广，为直播吸引更多的流量。

4.4 案例：脚本策划实战演练

以淘宝直播为例，为大家介绍直播带货的脚本策划模板，帮助大家写好直播脚本。

1. 直播主题

直播的主题即直播间的标题，该直播的主题为"吃鸡游戏本开学季特价"。

2.主播及介绍

此次直播的主播是"明镜",该主播的身份是品牌主理人、数码博主、头号玩家。

3.直播时间

2020年9月16日14:00到18:00。

4.内容流程

一共分为12个环节步骤,具体内容如下:

(1)前期准备

直播宣传、明确目标、人员分工、设备检查、产品梳理等。

(2)开场预热

14:00～14:15与前来的受众适度互动,并自我介绍等。

(3)品牌介绍

14:15～14:30强调关注店铺,预约店铺。

(4)直播活动介绍

14:30～15:00直播福利,简介流程,诱惑性引导。

(5)产品讲解

15:00～16:00从外到内,从宏观到微观,语言生动真实。

(6)产品测评

16:00～16:30从顾客的角度360度全方位体验。

(7)产品性观众互动

16:30～17:00为观众讲解案例、分享故事、解答疑问等。

(8)试用分享、全方位分析

17:00～17:15客观性,有利有弊,切忌夸夸其谈。

(9)抽取奖品

17:15～17:30抽奖互动,穿插用户问答。

(10)活动总结

17:30～17:45再次强调品牌、活动以及自我调性。

(11)结束语

17:45～18:00准备下播,引导关注,预告下次内容和开播时间。

(12)复盘

直播结束之后对整个过程及时复盘，发现问题、脚本调整、优化不足等。

以上就是淘宝直播脚本策划的整个流程和步骤，制定一份详细、清晰和可执行的脚本，并且考虑各种突发状况的应对方案，才能最大限度地保证直播的顺畅进行和达到预期目标。

需要注意的是，直播脚本的内容并不是一成不变的，只有不断地优化和调整才能对直播的操作更加游刃有余。一份出色的直播脚本是直播取得不错效果的必要条件，可以让你的直播有质的提升和飞越。

4.5 策划：执行好直播的活动

主播在直播时，可以通过举办活动来激发受众参与的积极性。本节主要介绍直播活动执行的模板、开场技巧，以及直播互动的玩法等，以帮助主播做好直播活动的策划与执行。

4.5.1 模板：直播活动方案内容

在举办直播活动之前，主播要制定好活动方案，一般来说，直播活动方案的模板有以下几个方面的内容，如图4-13所示。

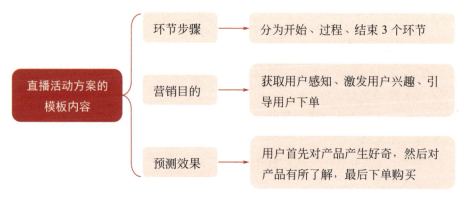

图4-13 直播活动方案的模板内容

主播要以上面的方案模板为基础，围绕其中的核心内容来策划直播活动的方案，这样才能达到预期的目标和效果。

4.5.2 开始：开场的要素和形式

在直播活动开始时，一个精彩的开场能够让受众眼前一亮，对直播活动充满兴趣和好奇。下面就来讲解直播开场设计的5大要素，以及直播活动的开场形式，帮助主播取得直播活动的"开门红"。

（1）开场设计的要素

俗话说："好的开始是成功的一半。"直播的开场设计非常重要，能够给受众留下第一印象，是决定受众是否继续留在直播间观看的关键。所以，要做好开场设计可以从以下几点着手。

① 激发兴趣。直播开场设计的第一要点就是激发受众的兴趣，只有让受众对直播的内容感兴趣，直播才有意义。因此，主播可以利用幽默的语言、新奇的道具等来引起受众的兴趣。

② 引导推荐。由于直播前期宣传和平台自身流量有限，所以在直播开始时，主播需要利用现有的受众数量来为自己拉新，以增加观看人数，提高直播间的人气。

③ 场景带入。因为每个受众观看直播时所处的环境都不一样，所以主播要让所有受众快速地融入直播的场景之中。

④ 植入广告。营销是举办直播活动的目的之一，所以在直播开场时，主播可以从以下几个方面来植入广告，渗透营销目的，如图4-14所示。

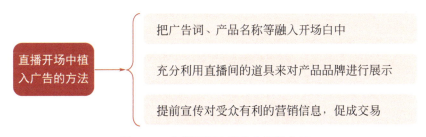

图4-14 直播开场中植入广告的方法

⑤ 平台支持。一般来讲，各大直播平台都会对直播的资源位置进行设置和分配。图4-15所示为哔哩哔哩直播平台首页的直播类型分类和直播活动推荐等模块的展示。

图4-15　哔哩哔哩直播平台首页的资源位置分配

利用直播开场快速提升人气，积极引导互动，会有获得平台推荐位置的机会，从而获得更多的流量和曝光度。

（2）活动开场的形式

在直播活动策划中，常见的开场形式有以下几种，如图4-16所示。

图4-16　直播活动的开场形式

4.5.3　活跃：5种直播互动玩法

在直播的活动中，主播可以通过弹幕互动、情节参与、赠送福利、发起任务、礼物打赏等方式来和受众或粉丝进行互动，以提高直播间的活跃度。

（1）弹幕互动

弹幕互动是近几年兴起的一种新的网络社交模式，典型代表莫过于B站了，正是因为B站这种独特的弹幕文化，把很多人聚集在了一起。他们通过弹幕找到了热闹和快乐，治愈了自己的孤独感，这是B站用户高黏性的关键因素之一。

另外，弹幕使得不同时空的人有了交集，有时候用户在某个视频上看到的弹幕可能是很早以前发的，在同一个视频下，他们用弹幕进行沟通和交流，而所有观看视频的用户就成了这场交流的见证者和参与者。

（2）情节参与

在户外直播中，主播可以按照受众要求来安排内容情节，提高受众的参与感。例如，B站某UP主就经常按照粉丝的要求模仿电影情节来做直播。

（3）赠送福利

在电商直播带货中，主播可以利用赠送福利等优惠活动来吸引受众的购买欲望，促使下单，提高直播间产品的销量。

（4）发起任务

主播可以在直播平台发起任务来和受众一起参与活动，增加互动机会，调动受众参与的积极性。

（5）礼物打赏

礼物打赏是直播间常见的互动模式，粉丝给主播打赏是出于对主播的喜爱和认可，所以主播应该对赠送礼物的粉丝表示由衷的感谢，并利用这个机会跟粉丝积极地沟通交流、联络感情。

第5章

话术策划：
告别尬聊，活跃气氛

直播是一个和观众互动的过程，而互动就需要主播掌握一定的话术技巧。然而，很多新人主播经常会因为无话可聊而面临冷场的尴尬境地，所以本章主要介绍聊天话术和销售话术，以及常见的话术模板，帮助大家提升语言口才能力，告别尬聊，活跃气氛。

聊天：与粉丝积极地互动

直播最大的特点之一是具有强互动性，因此在直播中，主播的语言表达能力很重要。那么如何培养、提高语言表达能力呢？本节将介绍10种聊天话术的技巧。

5.1.1 语言：提升主播口才

一个人的语言表达能力在一定程度上体现了这个人的情商，我们可以从以下几点提高个人的语言能力。

（1）注意语句表达

在语句的表达上，主播需要注意话语的停顿，把握好节奏；语言表达还应该连贯，自然流畅。如果不够清晰可能会造成误解。另外，可以在规范用语上发展个人特色，形成个性化与规范化的统一。

总体来说，主播的语言表达需要具有规范性、分寸感、感染性、亲切感，具体分析如图5-1所示。

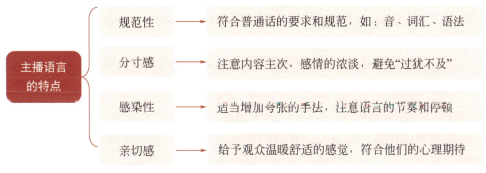

图5-1 主播语言的特点

（2）结合肢体语言

单一的话语可能会不足以表达，主播可以借助动作、表情进行辅助表达，尤其是眼神的交流，夸张的动作也可以使语言更显张力。

主播直播时，不要只顾着讲，还要配合一定的肢体动作，这样给观众的表达效果会更加传神。为什么很多演员被喷没有演技？很大一部分原因是这些演员在演戏时，很少有肢体动作，整个过程像是在背台词，这样的作品观众当然不满意。

所以，主播在与受众沟通交流的过程中，要锻炼自己的肢体语言表达能力。提升肢体语言表达能力至少有以下几个方面的好处，如图5-2所示。

肢体语言能力的运用在演讲活动中最为普遍，那些演讲能够鼓舞人心、让人心情澎湃、激动不已，很重要的一个原因是演讲者在整个演讲的过程中运用了大量的肢体动作，使得内容更加生动形象。

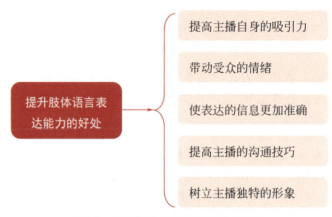

图 5-2 提升肢体语言表达能力的好处

例如，有"口红一哥"之称的某主播在直播带货时经常用到各种肢体语言动作和对应的丰富表情，这样做能引起受众高度的兴趣，注意力纷纷被主播吸引，让直播的过程十分生动有趣。

在介绍产品的过程中，配合相应的肢体动作能够更好地激发受众的购买欲望，直播内容也更具有特色，快速地树立起独特的个人形象。

（3）积累自身知识

主播可以在线下注重提高自身的修养，多阅读，进行知识的积累。大量阅读可以提高一个人的逻辑能力和语言组织能力，进而帮助主播更好地进行语言表达。知识积累是一场"持久战"，需要持之以恒。

（4）进行有效倾听

懂得倾听别人说话是尊重他人的表现，这样做能使主播快速获得受众的好感，同时在倾听的过程中也了解了受众的需求，可谓一举两得。

例如，B站某UP主兼主播经常认真阅读并回复粉丝和网友的私信和留言，甚至转发他们的问题，发动群众的力量，尽自己最大的努力来解决他们的实际问题，如图5-3所示。这种就属于懂得倾听他人诉求的表现。

主播与粉丝的互动过程中，虽然表面上看起来是主播在主导话题，但实际上是以粉丝的需求为主。主播想要了解粉丝的需求和痛点，就一定要认真地倾听他们的诉求和反馈。

（5）注意把握时机

注意说话时机是一个人良好语言沟通能力的重要表现，主播在说话时要把握受众的心理状态，考虑对方的感受。

图5-3 懂得倾听他人诉求的案例

图5-4所示为B站某UP主兼主播在投稿的视频中劝观众和用户不要整天沉迷于玩手机,应该好好学习技能和知识,充实自己、提升自己,然后说在放下手机之前给他三连投币和支持,话题衔接得非常自然。

图5-4 把握说话时机的案例

上面这个就是把握说话时机的典型案例。总而言之,只有选对说话的时机,才能让受众接受主播的意见,双方的交流互动才更有效果。

5.1.2 幽默：制造直播轻松氛围

在直播这个行业中，虽然高颜值是吸引受众的先天优势，但是要想在这条道路上走得更远，光靠颜值是远远不够的。颜值并不是决定主播发展的唯一因素，如果你没有好看的颜值，那就让自己成为一个幽默的人。拥有幽默口才的人会让人觉得很风趣，还能折射出这个人的内涵和修养。所以，一个专业主播的养成也必然少不了幽默技巧。

善于利用幽默技巧是主播培养表达能力的必修课。主播在平时要注意收集各种幽默素材，多看喜剧，全力培养自己的幽默感，学会把故事讲得生动有趣。受众是喜欢听故事的，而把故事讲得幽默会让受众更加全神贯注，将心思都集中到直播中。

图5-5所示为B站某UP主兼主播投稿的配音剪辑视频。他的视频题材主要以各种热门动漫为主，走的是搞笑喜剧路线，通过视频剪辑和配音，重新设计人物台词以及故事情节，使得内容非常搞笑幽默，观众看得津津有味。

图5-5 幽默搞笑的内容创作

他之所以能够有如此好的创意呈现给受众，除了他本人具有喜剧天赋和幽默细胞外，更重要的一点是他对四大名著的喜爱和了解，平时喜欢看各种搞笑幽默的段子和故事，所以才能源源不断地创作出幽默风趣的作品。

当主播和粉丝相处一段时间之后，对粉丝也比较熟悉，了解对方的喜好厌恶，就可以适当地吐槽以达到幽默的效果。抓住事物的主要矛盾，这样才能摩擦出不一样的火花。

段子原本是相声表演中的一个艺术术语。随着时代的变化，它的含义不断拓展，也多了一些"红段子、冷段子、黑段子"的独特内涵。近几年频繁活跃在互联网的各大社交平台上。

而幽默段子作为最受人们欢迎的幽默方式之一，也得到了广泛的传播和发扬。微博、综艺节目、朋友圈里将幽默段子运用得出神入化的人比比皆是，这样的幽默方式也赢得了众多粉丝的追捧。

例如，B站某UP主兼主播，以手机行业各企业的新品发布会为素材，将时长两个多小时的发布会视频通过剪辑浓缩成3分钟左右，并用自己幽默风趣的语言对核心内容重新进行解说。

在解说的过程中，该UP主运用大量的段子和网络用语，对发布会的产品以及主持发布会的总裁或产品经理进行大胆的吐槽，被广大受众戏称为"杠精"。

图5-6所示为他发布的关于某品牌X10手机发布会的解说视频。在视频中，UP主不仅吐槽这个手机厂商已经3年没有发布过新品了，而此次居然破天荒地开了场发布会，但这个新品手机的产品外观设计和参数性能却是别的厂商几年前的配置，所以UP主就讽刺这个所谓的手机新品配置太过"先进"，逗得观众忍俊不禁。

图5-6 解说视频

讽刺是幽默的一种形式，相声就是一种讽刺与幽默相结合的艺术。讽刺和幽默是分不开的，要想学会幽默技巧，就得先会巧妙地讽刺。最好的讽刺方法就是自黑。这样既能逗粉丝开心，又不会伤了和气。因为粉丝不是亲密的朋友，如果对其进行讽刺或吐槽，很容易引起他们的反感和愤怒。比如，很多演说家为了达到演讲的效果，经常会进行自黑，逗观众开心。

例如，超级演说家第二季总冠军在一次主题为"寒门再难出贵子"的演讲中自黑说自己家都不算寒门，因为连"门"都没有，成功地把在场的导师和观众给逗乐了，为演讲增添了几分幽默色彩。

在现在很多直播中，主播为了制造话题，吸引人气，不惜通过自黑的方式来颠覆以往的形象。值得注意的是，虽然这种自黑的方式确实能吸引一定的流量和人气，但是作为一名公众人物，还是需要注意自己的行为举止。

5.1.3 应对：强化随机应变能力

随机应变是一名优秀的主播所要具备的能力，因为直播是一种互动性很强的娱乐活动，粉丝会向主播提出各种各样的问题，对于这些问题，主播要在脑海中快速找到应对的话术。

如果问的是关于年龄、真实姓名、兴趣爱好等隐私类的问题，那么主播可以根据自己的意愿，选择性地进行回答；如果是关于知识专业类的问题，主播知道的就予以回答，不知道的完全可以大方地表明自己不是很了解，千万不要不懂装懂，撑面子，这样不仅会误导粉丝，还会降低主播在粉丝心中的形象地位。反之，大方地承认不仅不会影响粉丝对主播的看法，反而会觉得主播很诚实。

如果粉丝向主播求助自己遇到的问题和烦恼，那么主播应尽自己所能去帮助，如果能力有限，可以发挥众人的力量。

对于新人主播来说，前期就要不断锻炼自己的随机应变能力，总结经验话术，这样后期成长起来之后，便可应对自如了。

主播在进行直播之前一定要做好充分准备，特别是对于和自身专业技能相关的直播。这种情况在在线教育行业的直播中十分普遍，通常讲师在正式直播上课前都会做好课程内容的课件，把所要讲的相关知识点全部梳理一遍，还有的讲师会专门在课程内容讲解完之后设置一个问答环节。图5-7所示为某讲师在腾讯课堂直播关于平面设计的公开课。

再比如户外旅行的直播，主播不一定要有导游一样的专业能力，对任何问题都能对答如流，但要在直播前把旅游地点的相关情况了解好。图5-8所示为旅游直播的相关画面。

图5-7　直播公开课

图5-8　旅游直播

主播在回答粉丝提问的过程中，如果涉及当下社会热点事件和时事的话题，一定要谨言慎行，充分思考之后再做回答，如果是正面积极的事件，那就予以肯定和提倡；如果是负面敏感的新闻，则不要发表任何观点或看法，要想办法转移话题。因为每个人的思想价值观、对事物的看法和主张都不一样，主播无法保证自己的观点一定是客观正确的，弄不好可能会误导舆论导向，对社会造成一定的影响。

> **专家提醒**
>
> 主播身为公众人物一定要对自己的言行负责,谨防影响力失控。

5.1.4 心态:随时感谢粉丝观众

俗话说得好:"细节决定成败!"如果在直播过程中对细节不够重视,那么用户就会觉得主播是在敷衍他们。在这种情况下,很可能会快速流失掉粉丝;相反,如果主播对细节足够重视,用户就会觉得你是在用心经营,也会更愿意成为你的粉丝。

在直播的过程中,主播应该随时感谢粉丝,尤其是为主播打赏的粉丝,还有新进入直播间的用户。在淘宝直播平台中,当有新观众进入直播间时,系统会自动提示,如图5-9所示。

图5-9 自动提示

除了表示感谢之外,认真回复用户的评论,让用户看到你在用心运营,也是一种转化粉丝的有效手段。

5.1.5 乐观：保持良好直播心态

对于喜欢吐槽，甚至是语言中带有恶意的人，一定要保持良好的心态，千万不能因为这些人的不善而与其互"喷"，否则一些用户可能会成为你的黑粉。

在面对个别用户带有恶意的弹幕时，不要与其互喷，而是以良好的心态进行处理，也是一种有素质的表现。这种素质能让你成功获得其他粉丝的认同和赞赏。在面对用户的吐槽时，一般有两种处理方案，具体内容如下。

① 用幽默的回复面对吐槽。在回复用户弹幕评论的同时，要让用户感受到你的幽默感。以某美妆主播为例，因长得不是很好看，许多用户在评论区吐槽，让主播在直播时戴面纱遮住脸。看到这些评论时，主播不仅不生气，反而用比较幽默的语言积极进行回复。许多用户在看到回复后，不禁生出了一些好感。

② 对于恶意吐槽不予回应。在直播间的弹幕中，偶尔会看到少数用户带有恶意的言语，主播无须理会，继续直播。

5.1.6 换位：站在他人角度思考

面对用户进行个人建议的表达时，主播需要站在用户的角度，进行换位思考，这样更容易了解回馈信息的用户的感受。主播可以通过学习以及察言观色来提升自己的思想以及阅历。要心思细腻，细致地观察粉丝的态度，并且思考总结，用心去感受粉丝的想法。为他人着想可以体现在以下几个方面，如图5-10所示。

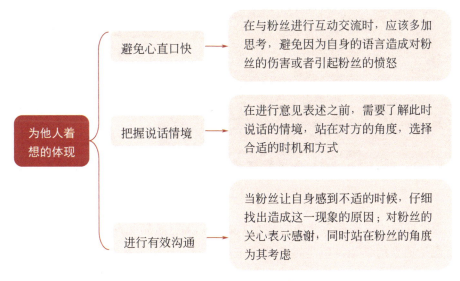

图5-10 为他人着想的体现

为他人着想也是一种尊重别人的表现，主播只有站在粉丝的角度去思考问题，才能真正地了解粉丝的需求和痛点，也才能更好地为粉丝服务。

5.1.7 低调：始终保持谦虚礼貌

主播在面对粉丝的夸奖以及批评时，需要保持谦虚礼貌的态度，即使成为热门的主播也需要保持谦虚。谦虚低调会让主播获得更多粉丝的喜爱，能让直播生涯更加顺畅，并且获得更多的路人缘。

例如，斗鱼某游戏男主播，因其独特幽默的解说风格被粉丝亲切地称为马老师，尽管他在圈内的地位非常高，影响力非常大，直播事业也非常成功，但是其为人却十分低调，这也是他为什么这么受人尊敬的原因。图5-11所示为他的英雄联盟游戏解说直播。

图5-11　某男主播的游戏直播

谦虚低调的主播还有斗鱼的某女主播，此人竟然是北大清华的双料高才生，可以说是典型的学霸，但是她却非常谦虚低调，从来不在直播间炫耀自己的学历。图5-12所示为她的单机游戏直播。

图5-12 某女主播的游戏直播

5.1.8 尺度：说话要把握好分寸

在直播聊天的过程中，主播要注意把握好尺度，懂得适可而止。例如在开玩笑的时候，不要过分，许多主播因为玩笑过度而遭到封杀。因此，懂得适可而止在直播中也是非常重要的。

还有一些主播为了吸引流量，故意蹭一些热度，例如在地震的时候"玩梗"或者发表一些负能量的话题，为引起用户的热议，增加自身的热度。结果反而遭到群众的指责，最后被封杀和禁播。

如果在直播中，主播不小心说错话，造成了不好的影响，应该及时向粉丝道歉。例如，某主播直播时说了不合适的玩笑，最后在微博上向粉丝以及当事人进行了道歉，挽回了形象。图5-13所示为他在微博上发表的道歉声明。

图5-13 某主播发微博承认错误

5.1.9 切入：6个方法寻找话题

对于新人主播来说，在直播中最大的问题就是不知道找什么话题和粉丝互动，也不知道怎样切入直播的内容，从而导致直播间冷场的尴尬局面。造成这种现象的根本原因是主播在直播前没有做好充分的准备，再加上没什么经验，有点心里紧张，所以效果不佳。

那么，主播在直播的过程中该如何选择合适的话题来切入呢？总结了以下这些方法，具体内容如下。

① 从粉丝的兴趣爱好中寻找话题。
② 根据自身才艺特长来展开话题。
③ 做好直播内容的大纲规划方案。
④ 从当下的时事热点来引入话题。
⑤ 在平时的生活动态中切入话题。
⑥ 根据粉丝的提问求助展开话题。

例如，某知名的电影解说主播根据群里粉丝提出的问题来展开直播，这样做不仅能解决粉丝的需求和问题，增加和粉丝之间的互动，还能为直播的内容提供话题和素材。

5.1.10 培养：个性化的语言风格

关于主播个性化风格的语言培养，这个没什么具体的模板和方法供大家学习和参考，因为每个人说话的方式和语言风格都是不一样的，这取决于主播个人的性格特点以及行为习惯。

下面我们来看一个具体的案例，B站非常火爆的某UP主兼主播，他直播的内容以及投稿的视频语言风格幽默有趣，非常具有个性和特色，特别是那句"是一个每天都在镜子前给自己磕头的硬核男人"的自我介绍早已深入人心，他还不忘给自己起一些极具个性的头号和称呼，比如市场噩梦、恰饭天王、甲方克星、预算黑洞等。

5.2 销售：提高主播变现能力

在直播中，想要获取流量，赢得用户的关注，就需要把握用户的心理，并且投其所好。本节为大家讲述5种销售话术，提高主播的销售能力。

5.2.1 提问：抓住用户需求痛点

如何在直播中提出问题，以电商直播为例，在介绍之前，主播可以利用场景化的内容，先表达自身的感受和烦恼，与观众进行聊天，进而引出问题，并且让这个问题在直播间保持讨论热度。

主播可以以向观众提问的方式来询问他们是否遇到和自己同样的问题，寻找目标用户，然后再深挖其需求和痛点，在提供解决方案的过程中推荐产品。

5.2.2 夸张：放大问题的严重性

在提出问题之后，还可以将问题尽可能地描述全面、放大细节。例如，在美妆产品的直播中，以防晒产品为例，主播可以将防晒的重要性以及不做防晒的危害适当夸张，如紫外线会加速衰老等。让用户意识到问题的严重性，为了避免这个后果用户就会购买你推荐的产品。

5.2.3 引入：推荐产品，解决问题

讲述完问题之后，主播可以引入产品来解决问题，解决这些问题的方法有哪些？减肥通常是大多数女生会讨论的一个话题，如何进行减肥？方法有许多，

主播可以从不同的角度进行讲解，例如从饮食上进行控制，讲述完如何控制饮食之后，可以推荐一些健康的代餐产品。图5-14所示为主播进行代餐产品引入的直播。

图5-14　主播进行代餐产品引入的直播

除此之外，还可以推荐服装，比如如何搭配才显瘦，接着进行一些自用的穿搭推荐，还可以从运动角度进行讲解，例如瑜伽垫、瑜伽球等。

5.2.4　提升：为产品增加附加值

引出产品之后，还可以从以下几个角度进行讲解，以提升产品的附加值，如图5-15所示。

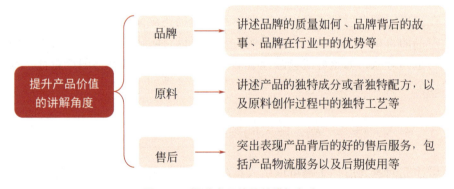

图5-15　提升产品价值的讲解角度

5.2.5 降低：攻破粉丝心理防线

最后一个方法是降低门槛，讲完优势以及提高产品价值后，主播应该提供给用户本次购买的福利，或者利用限制数量来制造紧张氛围，让消费者产生消费冲动，在直播间下单。图5-16所示为某主播在直播间推销汉服，可以看到产品的优惠力度非常大，还有各种福利。

图5-16 某主播在推销汉服

5.3 模板：新主播的必备话术

主播在销售过程中，除了要把产品很好地展示给顾客以外，还要掌握一些销售技巧和话术，这样才可以更好地进行商品的推销，提高自身的带货能力，从而让主播的商业价值得到增值。

由于每一个顾客的消费心理和消费关注点都不一样，在面对合适、有需求的商品前，仍然会因为各种细节因素，导致最后没有下单。

面对这种情况，主播就需要借助一定的销售技巧和话语来突破顾客最后的心理防线，促使其下单。本节将介绍几种销售的话术技巧，帮助主播提升带货能力，创造产品的高销量和高成交额。

5.3.1 介绍：营造场景身临其境

主播可以用一些生动形象、有画面感的话语来介绍产品，达到劝说消费者购买的目的。下面描述一下关于介绍法的3种操作方式，如图5-17所示。

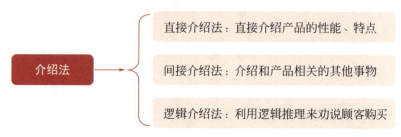

图5-17　介绍法的3种操作方式

（1）直接介绍法

直接介绍法是主播直接向顾客介绍、讲述产品的优势和特色，从而达到劝说消费者购买的一种办法。这种推销方法的优势是非常节约时间，直接让顾客了解产品的优势，省略不必要的询问过程。

例如一款材质非常轻薄贴身、适合夏季穿着的衣服，直接介绍服装的优点，亮出产品优势，或者标明购买服装有优惠券，以此吸引顾客购买。

（2）间接介绍法

间接介绍法是采取向顾客介绍和产品关系密切的其他事物来间接地介绍产品。例如，如果主播想向观众介绍服装的质量，不会直接说质量好，而是通过他人对衣服的试穿感受来表明，这就是间接介绍法。

（3）逻辑介绍法

逻辑介绍法是主播采取逻辑推理的方式，来达到说服顾客购买产品的一种沟通推销方法。这也是线下销售中常用的推销手段。

主播可以向顾客说："用几次奶茶钱就可以买到一件漂亮的服装，你肯定会喜欢。"这就是一种较为典型的推理介绍，表现为有理有据、顺理成章，说服力很强。

5.3.2 赞美：将欲取之，必先予之

主播在与粉丝进行互动交流的时候，一定要学会赞美粉丝的优点和长处，懂得诚心赞美和欣赏是尊重别人的一种表现，只有当你尊重粉丝了，粉丝才会反过来更加尊崇你。

当粉丝受到主播的赞美和表扬之后，会有一种莫大的荣誉感和自豪感，从而对主播更加喜爱和信任，对于增进彼此之间的感情和关系起到很大的推进作用。主播这样做不仅能增强粉丝的黏性和忠诚度，还能给粉丝留下良好的印象，赢得粉丝的尊重和拥护，双方都很愉快，可谓双赢。

在电商直播带货中，主播可以通过赞美粉丝来达到产品销售的目的。例如，当粉丝担心自己的身材不适合这条裙子时，主播就可以说："这条裙子不挑人，大家都可以穿。虽然你可能有点不适合这款版型，但是你非常适合这款裙子的风格，不如尝试一下。"

这和中国那句古话"将欲取之，必先予之"是一个道理，只有你先让别人得到好处，才能在别人那里获得回馈。

5.3.3 强调：反复说明，加深印象

所谓强调法就是不断地向顾客强调产品有多么好，多么适合粉丝，价格多么划算，意思就是"重要的话说三遍"。

当主播想大力推荐一款产品时，就可以不断地强调这款产品的特点，以此来营造一种热烈的氛围。在这种氛围下，粉丝很容易被感染，不由自主地下单。主播在带货时可以反复强调此次直播间产品的优惠力度，例如福利价五折、超值优惠、购买即送赠品等。

5.3.4 示范：把产品展示给用户

示范法也叫示范推销法，就是要求主播把要推销的产品展示给顾客，从而激起顾客的购买欲望。

由于直播销售的局限性，顾客无法亲自体验产品，这时候主播可以代替顾客来对产品进行体验。对于粉丝来说，由于主播更加了解产品的类型和款式，由主播代替自己来体验产品，也会更加放心。下面是介绍示范法的操作方法，具体内容如下。

（1）灵活展示自己的产品

示范推销法是日常生活中常见的产品销售方法，其中涉及的方法和内容较复杂，因为不管是商品陈列摆放、当场演示，还是模特展示商品的试用、试穿、试吃等，都可以称之为示范推销法。

示范推销法的目的就是让消费者达到一种亲身感受产品优势的效果，同时把商品优势尽可能地全部展示出来，以吸引顾客的兴趣。现在的电商直播都会选择这种方式对产品细节、产品效果进行展示。

图5-18所示为主播向用户和粉丝展示运动鞋产品。这类产品的用户群体一般是男生和爱好体育运动的人，在直播间可以看到，运动鞋的款式非常多，让人眼花缭乱。

图5-18　运动鞋展示

（2）善于演示和讲解产品

对于带货主播来说，演示和讲解产品是非常有必要的。虽然能让顾客亲自试用更好，但是直播这种线上销售方式，无法做到顾客亲自使用和体验。这时，主播就可以替顾客使用产品，通过镜头展现使用效果，如图5-19所示。

5.3.5　限时：让用户感到紧迫感

限时法是直接告诉消费者现在正在举行某项优惠活动，这个活动的截止时

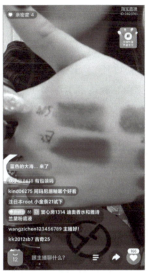

图 5-19 展示产品的使用效果

间,在活动期间顾客能够得到什么好处。同时也提醒消费者,活动结束后再想购买,就要花费多余的开支了。

主播向顾客、粉丝推荐产品时,可以积极运用这种手法,给他们制造紧迫感,也可以在直播界面显示文字来提醒。如图 5-20 所示。

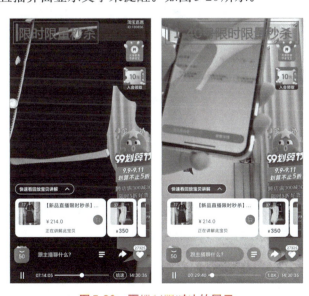

图 5-20 直播间限时法的展示

这种推销方法会让顾客产生一种错过这次活动,之后再买就吃亏的想法,同时限时设置能给顾客造成一种心理紧迫感。

5.3.6　解答：直播带货常见提问

在电商直播带货中，主播想要推销产品，让用户下单，引导话术是必不可少的。下面介绍直播卖货时用户的几种常见问题，为主播带货提供帮助和示范。

（1）提问一："1号宝贝能试一下吗？"

针对这一类型的提问，表示用户在观看的时候，对该产品产生了兴趣，需要知道产品的体验感受和效果。例如，在服装直播中，粉丝要求主播试穿紫色风衣，如图5-21所示。

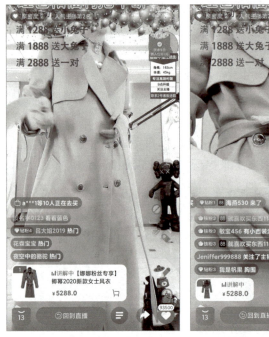

图5-21　粉丝提出试穿要求

在淘宝直播中，有的产品主播已经试穿过，就可以直接点击下方商品详情中的"看讲解"，进行直播回顾，如图5-22所示。

（2）提问二："主播身高体重多少？"

直播间通常会显示主播的身高和体重的信息，但是有的观众没有注意到，主播可以直接回复她，并且提醒一下上方有信息，有其他的问题可以继续留言。图5-23所示为淘宝直播的主播信息。

图5-22 "看讲解"回顾主播试穿

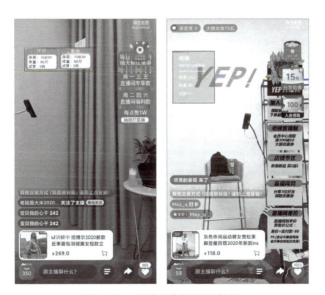

图5-23 主播身高体重信息栏

（3）提问三："身高不高能穿吗？"

对于这类问题，主播需要用户提供具体身高体重信息，再给予合理意见；或者询问用户平时所穿的尺码，例如连衣裙，可以说是标准尺码，平时穿L码的用户，可以选择L码，也可以自行测量一下腰围，再参考裙子的详情信息，选择适合自己的尺码。

(4)提问四:"主播怎么不理人?"

这时候主播需要安抚该用户的情绪,可以回复说没有不理,并且建议用户多刷几次就看见了,没有安抚的话,可能会流失掉这个用户。

(5)提问五:"五号宝贝多少钱?"

这时候主播可以建议她去找客服,领取优惠券,可享受优惠价。用户在询问该宝贝多少钱的时候,如果是主播正在试用并讲解的这个,系统一般会自动弹出该商品购买链接。

运营篇

第6章

主播运营：
打造培养成为网红

主播要想做好直播，成为人气网红，就必须从各个方面经营自己，提升自己。本章主要从主播方式类型、直播技能、主播人设、形象的塑造、个人IP打造、做好运营准备工作等方面来阐述如何做一名出色的主播，将自己培养成网红"大咖"。

6.1 选择：掌握主播方式类型

随着直播行业的发展，越来越多的人从事主播职业，其中主播的类型一共有3种，即个人主播、机构主播、团队搭建。这3种方式分别具有不同的特点，在本节中将进行详细的讲解。

6.1.1 个人：选择自己擅长领域

个人主播就是全程是个人进行操作的直播，需要自行申请纳税，对于新人阶段的个人主播来说，在流量和用户积累上有一定的难度。与其他方式的主播相比，个人主播的优势在于直播时间和内容的选择更加自由化，收益只与平台分成；不足是其收入不稳定，在直播中遇到的问题全部得靠自己解决。

这种类型的主播一般以游戏直播居多，因为游戏直播只需要一个人就可以了，而且门槛很低，如图6-1所示。

图6-1 个人主播直播

首先个人主播需要自行选择适合的内容领域，可以根据自己的爱好、特长进行选择，还需要找到你的目标用户，共同的爱好是粉丝来源的基础；其次是直播的内容需要自己进行策划。

在进行个人直播前，可以去了解一下相关的直播知识，如视觉艺术、听觉艺术、直播设备和直播推广等，具体内容如下。

（1）视觉艺术

视觉艺术主要为直播间的背景选择、主播个人的穿着打扮等，需要思考你的人设，并选择相应的风格进行搭配，在服饰上可以选择更上镜的衣服，这样有利于提高个人形象的美感。

（2）听觉艺术

听觉艺术包括直播时的语言，首先要确保直播的音质，你的声音要尽可能的清晰，声卡与麦克风的组合能够使音质效果更佳；在把握用户心理的基础上，投其所好地进行表达，满足粉丝的需求，这样可以更好地积累人气和流量。

（3）直播设备

一套好的直播设备可以让直播画质更佳，效果更流畅，带给用户的观看体验感也就更好。在个人主播直播前，选择合适的直播设备，能够使直播效果更精彩。关于直播设备的选择问题，已经在第1章详细讲过了，这里不再赘述。

（4）直播推广

对于个人主播的直播推广，就是了解如何获得更多的粉丝量和点击率，可以密切关注平台的活动，利用平台的计划扶持来推广自己的直播。以B站为例，随着知识经济的发展，B站推出了知识分享官的招募令活动，如图6-2所示。

图6-2　知识分享官招募令活动

6.1.2　机构：生产优质直播内容

机构主播主要是依靠机构，MCN就是机构，机构直播的优势在于主播具有稳定的收入，可获得专属的流量扶持，直播基础设备由机构提供。此外，机构会对主播制订培养计划，并安排经纪人解决直播中所产生的问题。主播在选择机构时，需要仔细辨别其资质，防止被骗，尤其是在合同的签约上，需要谨慎对待。

机构与中介公司类似，国内的MCN机构主要有五大类型：内容生产型、内容运营型、广告营销型、知识付费型、电商内容型，每个类型的运营涉及的重点都不同，如图6-3所示。

图6-3 MCN机构的五大类

6.1.3 团队：打造优秀直播队伍

除了个人直播和依靠机构外，还可以和其他人组成团队，进行多人直播或者分工合作运营，所获得的收入由团队成员瓜分。在电商平台的直播带货中，这种两人或几个人一起直播的场景比较多。

团队合作直播有利于发挥每个人各自的价值，可以集思广益，生产出更优秀的直播内容，将直播效果做到更好。爆款IP和热门网红的产生，很多时候需要团队成员共同打造，直播的运营也需要大家互相配合才能完成。

团队的直播有利于减少主播的工作量，如果想要搭建团队，需要注意团队成员的选择和分工问题。团队成员的能力和个人素质不一定要最好，但一定要具备较高的水平。只有优秀专业的团队才能发挥最大的效率。

团队成员的分工和职责一定要明确，可以根据个人能力不同来安排工作任务，使每个人都能各取所长，扬长避短，职责明确还有利于落实问责制度。

以电商直播为例,电商直播的团队一般有4个角色的分工,他们的具体工作职责如图6-4所示。

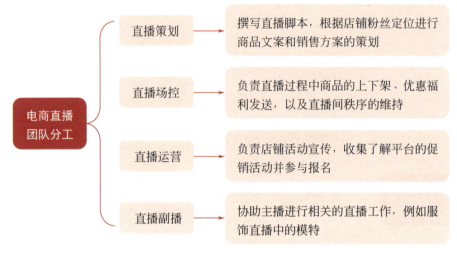

图6-4 电商直播团队分工

具体的人员分工可以根据店铺粉丝量进行配置,对于小型店铺来说,有主播和直播场控两个人就足够了。

6.2 技能:全面提升主播能力

作为一个新人主播,要想快速获得更多的粉丝,就需要培养自身的直播技能。培养主播直播技能的方法有多种,下面就来介绍其中最常见的12种方法,以帮助新人快速掌握直播的技巧。

6.2.1 态度:真诚对待粉丝

有的新人主播经常问这样一个问题:"我想做直播,但是没有高颜值怎么办?"其实那些看起来美若天仙的主播在直播时靠的都是美颜和滤镜的效果加持，而不靠颜值吃饭却依然火爆的主播也大有人在，所以颜值并不能完全决定直播的效果和主播的人气。

直播是一场关于人与人之间的互动交流，所以关键还是在于人。如果经常看直播的话不难发现，那些人气火爆、粉丝众多的主播不一定拥有很高的颜值，但是他们普遍拥有较高的情商，非常善于与人沟通交流，不管认识的还是不认识的都能说上话。而且，不管受众从什么时间段进入直播间，都能被主播精彩的内容所吸引。

对于新人主播来讲，直播最重要的就是学会和多人互动，让受众时刻感受到主播的热情和走心的服务。当粉丝需要倾诉时，就认真听他诉说并安慰他，尽量聊其感兴趣的话题，和粉丝建立共同语言。

只有把粉丝当成朋友来对待，把他们放在心上，主动去了解他们关心的事物，才能让其感受到主播的真诚，从而增进彼此之间的感情，增强粉丝对主播的信任和黏性以及忠实度。

在虚拟的网络世界，主播要想维护和粉丝之间的感情就得靠真心和诚意，粉丝之所以会给主播刷礼物很大一部分原因是其人格魅力，是主播的真诚打动了他们，所以他们才会心甘情愿为主播买单。

感情是沟通出来的，礼物是通过和粉丝交心交出来的，刷礼物代表了粉丝对主播的喜爱和认可，也只有粉丝主动地打赏，才能说明其直播体验很好。

所以，主播下播之后要多去关注给你刷礼物的粉丝的动态，让粉丝感觉到你很关心他，让他觉得自己是有存在感的，这样不仅能使彼此之间的感情更加牢固，还能获得相应的尊重。

6.2.2 才艺：琴棋书画样样精通

对于新人主播而言，要想进行一场精彩的直播，光有真诚是不够的，还得有能力，也就是说作为一个主播，要学习多种才艺来获得观众的喜爱和认可。才艺的种类非常之多，主要有唱歌跳舞、乐器表演、书法绘画、游戏竞技等。不管你学哪种，都能为你的直播吸引更多的粉丝。当然，如果你全部都能学会，那就更好了。

下面分别介绍几种才艺类型的直播。

（1）唱歌跳舞

基本上每个人都会唱歌，只是好听与难听的区别，而对于那些天生音色和嗓音比较好的主播来说，就可以充分利用自身的优势来吸粉。还有那些天生身材很好，喜欢跳舞的主播，也可以利用自己优美的舞姿吸引受众前来观看。

（2）乐器表演

乐器表演也是吸引受众观看直播的一种很好的方法，乐器的种类有很多种，但最主流的是钢琴和吉他，下面是吉他表演的才艺直播，如图6-5所示。

图6-5　吉他演奏直播

（3）书法绘画

书法绘画的才艺表演就要求主播的作品必须足够优秀，才能吸引受众的注意力，获得受众的欣赏和赞美。图6-6所示，为某主播进行绘画演示的直播。

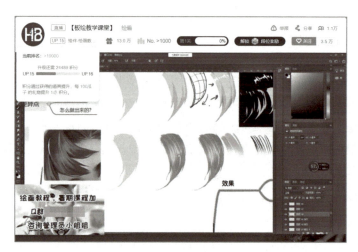

图6-6　直播绘画

（4）游戏竞技

游戏竞技类的直播可谓是最常见也是最主流的一类直播类型了，虎牙、斗鱼这一类的直播平台都是以游戏直播为主。如果主播喜欢玩游戏，对主流的热门游戏（如英雄联盟、绝地求生、穿越火线等）有深入的了解，并且战绩都还可以，对游戏的操作和玩法也有自己独到的见解，那么就可以做游戏直播来吸粉。图6-7所示为某主播的英雄联盟游戏直播实况。

图6-7　游戏竞技

不管什么类型的才艺表演，只要能够让受众耳目一新，吸引他们的兴趣和注意，并且为你打赏喝彩，那么你的直播就是成功的。在各大直播平台上，有着无数的主播，只有向受众展示独特的才艺，并且技术或者作品足够优秀，才能抢占流量，在众多主播中脱颖而出。

学习多种才艺对主播的个人成长和直播效果的提升作用非常大，这也是主播培养自己直播技能最重要的方法之一。所以，对于新人主播来说，只有不断充实自己，提升自己，才能在直播行业的发展道路上走得更远。

6.2.3　导向：深挖粉丝痛点

在主播专业能力培养的道路上，最重要的一点就是抓住受众的痛点和需求。主播在直播的过程中要学会寻找用户最关心的问题和感兴趣的点，从而更有针对性地为受众带来有价值的内容。挖掘受众痛点是一个长期的过程，但是主播需要注意以下几点，如图6-8所示。

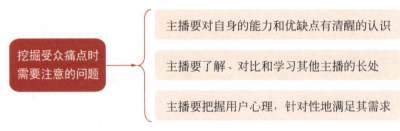

图6-8 挖掘受众痛点时需要注意的问题

主播在创作内容时，要抓住受众的主要痛点，以这些痛点为标题来吸引受众的关注，弥补受众在现实生活中的各种心理落差，让其在你的直播中得到心理安慰和满足，受众的主要痛点有安全感、价值感、支配感、归属感等。

6.2.4 专业：垂直领域输出内容

如果仔细观察那些热门的主播不难发现，他们的直播内容具有高度垂直的特点，有的专注于电商直播带货领域，有的因游戏直播而走红。什么是垂直呢？就是专注于一个领域来深耕内容，领域越细分，直播内容的垂直度就越高。

其实，对于所有的内容创作领域而言，都非常注重账号内容的垂直度，内容的垂直度影响账号权重，也影响平台对发布内容的推荐，还影响受众对内容创作者专业程度的判断。也就是说，内容的垂直度越高，吸引过来的粉丝群体精准度就越高，也越优质。

那么对于主播来说，该如何打造自己高度垂直的直播内容呢？建议主播拥有一门自己最擅长的技能。俗话说得好："三百六十行，行行出状元。"只有深挖自身的优势，了解自己的兴趣特长所在，才能打造属于自己的直播特色。

找到自己最擅长的技能和领域之后，就要往这个方向不断地去深耕内容，垂直化运营。例如，有的人玩游戏的水平很高，于是他专门做游戏直播；有的人非常擅长画画，于是她在直播中展示自己的作品；有的人热爱时尚美妆，于是她直播分享化妆技术和教程。

图6-9所示为B站某UP主直播分享日语知识的学习。

精通一门专业技能，然后依靠自身的专业技能来垂直输出直播内容，那么吸粉和变现自然就轻而易举。当然，主播在直播之前还需要做足功课，准备充分，才能在直播的时候从容不迫，最终取得良好的直播效果。

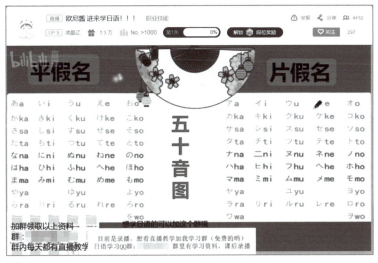

图6-9　日语教学直播

6.2.5　数据：通过分析优化决策

数据分析能力是主播必备的基本能力之一。那么，直播的数据分析包括哪几个方面的指数呢？总结了以下几项，如图6-10所示。

图6-10　直播数据分析包含的指数

众所周知，我们要进行数据分析就必须得借助一些数据统计平台或者数据分析工具。在此就给大家推荐两个，一个是新榜，另一个是得利豆数据。

（1）新榜

新榜是一个专业的自媒体、短视频和直播平台数据的采集、分析的网站，它不仅提供各大平台的数据服务，还包括营销方案、运营策略、账号交易等。图6-11所示为新榜平台的淘直播主播数据的月排行榜单。

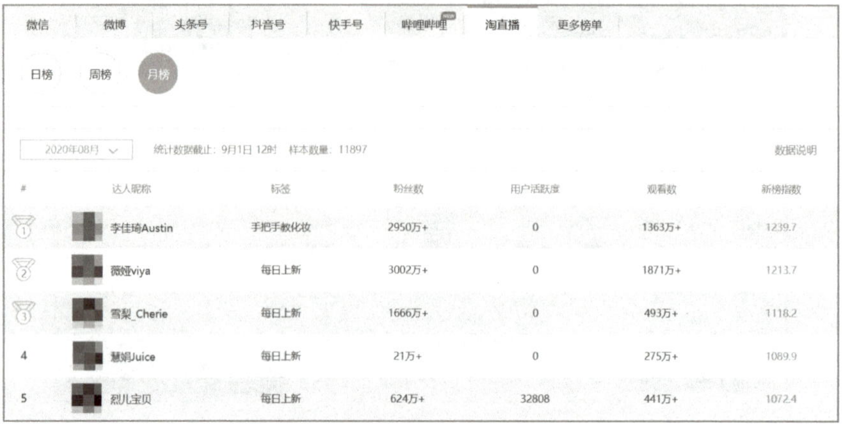

图6-11　新榜的淘直播主播月榜

（2）得利豆数据

得利豆数据是一个专注于抖音短视频直播、商品、达人和题材数据分析的平台，重点提供抖音电商数据分析的服务，包括电商榜单、抖音直播数据、热门题材、达人榜单数据等。

① 电商榜单。电商榜单又分为商品推广榜、商品销量榜、品牌排行榜、商品视频榜。商品推广榜的商品排名越靠前，说明这个商品的推广效果越好，热度越高。根据排名，用户能够快速找到热门商品并跟进流量热点，如图6-12所示。

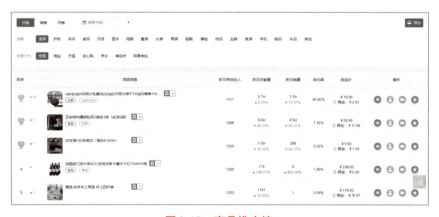

图6-12　商品推广榜

商品销量榜根据抖音平台推广的产品销量进行排序，可以快速找到时下最火爆的商品，如图6-13所示。

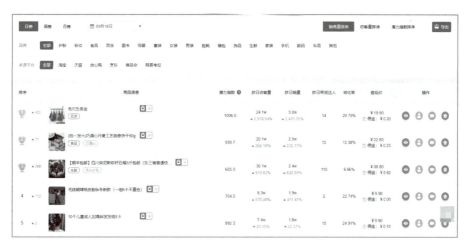

图6-13　商品销量榜

品牌排行榜的商品品牌指数越高，说明该品牌的市场占有率越高，综合实力越强，如图6-14所示。

图6-14　品牌排行榜

在商品视频榜中可以看到抖音电商视频点赞的排名，根据排名可以找到时下最火热的商品视频素材和关联的商品，如图6-15所示。

② 抖音直播数据。抖音直播数据分为带货达人榜和抖音直播商品榜。带货达人榜根据直播带货的商品销量进行主播排名，如图6-16所示。

直播商品榜可以快速找到卖得最好的几款商品，如图6-17所示。

图6-15 商品视频榜

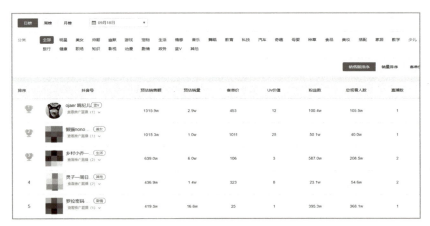

图6-16 带货达人榜

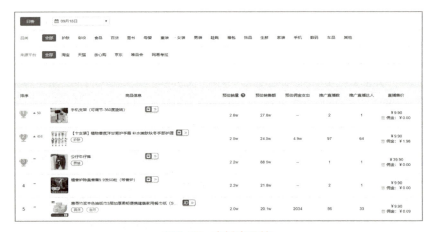

图6-17 直播商品榜

③ 热门题材。热门题材的分类有热门视频、热门音乐、热门话题、热门道具。通过热门题材的排行榜搜索，内容创作者或主播可以轻松查询抖音平台当下的热点素材，并结合直播账号的定位进行借鉴、模仿，这样更容易打造爆款的直播内容。图6-18所示为热门题材的视频分类排名。

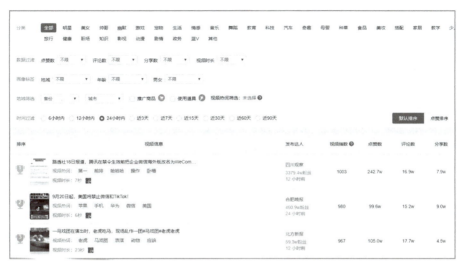

图6-18　热门题材的视频分类排名

④ 达人榜单数据。达人榜单的分类有达人总榜、达人行业榜、达人涨粉榜、达人掉粉榜、达人地区榜。图6-19所示为达人总榜；图6-20所示为达人涨粉榜。

图6-19　达人总榜

图6-20 达人涨粉榜

以上就是给大家推荐的直播数据分析的平台和工具,希望主播能够善加利用,以提高自己的直播数据分析能力。

6.2.6 平台:提高直播运营能力

既然入驻直播平台,成了一名主播,就必须要掌握直播的平台运营能力。那么直播平台运营的主要内容有哪些呢?下面以图解的形式来分析,如图6-21所示。

图6-21 直播平台的运营内容

对于新人主播来说,建议先把一个直播平台运营好再去考虑其他平台,这样基础会更加牢固。还有一点千万要记住:不可同时签约两个直播平台,否则将要支付巨额的违约金。

6.2.7 支持：建立完整的供应链

所谓供应支持能力指的是主播直播带货背后的产品供应链，主要是针对电商直播这一类型来说的，像某些顶级流量的带货主播，他们之所以能取得如此惊人的产品销售业绩，关键因素在于其拥有完整且成熟的产品供应链，以及专业的直播运营团队。

那么，主播应该如何建立稳定的产品供应链呢？给直播带货的主播提供以下几条建议，如图6-22所示。

图6-22 建立产品供应链的建议

对于电商主播而言，要么是自己寻找拥有货源的产品供应链厂家进行合作，要么就是自己本身就是电商商家，能独立生产产品。不管是哪种情况，主播在选择商品时一定要注意价格和品质这两个方面，只有产品价格足够低、质量足够好，才能吸引消费者的购买欲望。另外，所选择的产品一定要符合绝大多数人的需求。

6.2.8 留存：做好粉丝运营管理

对于主播来说，直播最重要的就是粉丝，只有粉丝数量不断增加，和粉丝之间的情感关系越来越好，才能实现变现，为主播带来收益。所以主播要学会系统地运营和管理粉丝，提高粉丝的留存率。

那么，主播应该如何有效地进行粉丝运营，维护和粉丝之间的关系，增强粉丝对主播的凝聚力和忠诚度呢？关于直播粉丝运营的方法和技巧主要有以下几个方面，具体内容如下。

① 满足粉丝的心理需求。绝大多数人都有自己喜欢的明星或偶像，也曾经有过疯狂追星的经历，特别是如果得到了和自己偶像互动的机会或者其个性签

名，往往都会欣喜若狂，激动不已，从而使自己的"虚荣心"得到极大的满足。

之所以会有这种现象是因为粉丝对偶像的崇拜会让其产生一种优越感，这对于主播和粉丝之间的关系也是如此。所以，主播要想办法满足粉丝的这种心理需求，这样能进一步加深粉丝对主播的喜爱程度，从而达到粉丝运营的目的。

② 建立粉丝群。要想更好地管理和维护粉丝，最直接、最有效的方法就是建立粉丝QQ群或微信群，同时设置几名管理员或者助理帮助主播运营粉丝群，主播平时有空就到粉丝群和群成员交流互动，还可以举办群活动调动粉丝的参与度和活跃性，增进彼此之间的情感和信任。

另外，主播在直播的时候可以将自己的粉丝群号码留在直播公屏上，以便不断地将新的粉丝引流至粉丝群，搭建自己的私域流量池，如图6-23所示。

图6-23　直播时将用户引流至粉丝群

③ 举办粉丝线下见面会。举办粉丝线下见面会能满足粉丝和主播近距离接触的愿望，有利于主播更直接地了解粉丝的需求，进一步加深彼此之间的联系，显得主播平易近人，增强粉丝黏性和凝聚力。

专家提醒

主播尽量不要与某个粉丝单独在线下见面，这也是为了双方的安全问题着想。

6.2.9 创作：不断输出优质内容

直播内容的创作是每个主播所必须具备的能力，提升主播的内容创作能力也是做好直播的关键。毕竟，在这个流量巨大的互联网时代，内容为王，只有能为用户提供优质内容的主播，才能抢占更多的流量份额，获得更多的流量变现收益，将自己的直播事业发展壮大。

主播要想提升内容创作的能力，就必须在平日里多积累直播素材，努力学习各种专业知识和技能，不断充实自己，开阔自己的视野，这样在策划直播内容时才会有源源不断的创作灵感，也才能持续地输出优质的直播内容。

主播不能原地踏步、故步自封，要不断地推陈出新，生产有创意的内容，让受众看到你的能力和努力，这样你的直播事业才会做得更长久。

6.2.10 应变：锻炼心理素质能力

在直播的过程中，难免会遇到各种突发状况，这时就非常考验主播的应变能力和心理素质了，一般在直播中遇到的突发状况主要有两种，一种是客观发生的，还有一种是主观人为的。接下来就这两种情况通过案例来具体分析。

（1）直播突然中断

主播是通过互联网与受众建立联系的，而要想直播就必须搭建好网络环境。有时候主播会因为一些不可抗拒的客观因素而导致直播无法正常继续下去，比如网络波动、突然停电而断网等。

面对这种情况，主播不要惊慌失措，应该马上用手机重新连接直播，或者在粉丝群告知受众直播中断的原因，向他们真诚地道歉，并给予一定的补偿，粉丝得知缘由一般都会体谅主播，不会因为这次的小意外而不愉快。

（2）突发事件处理

客观的突发情况一般来说发生的概率比较小，最多的还是人为导致的因素，比如一些讨厌主播的人或恶意竞争的同行，为了干扰主播的正常直播，故意在直播间和主播唱反调，破坏直播间的秩序，影响主播的直播节奏和效果。

一旦在直播间出现这样故意捣乱的人，主播应迅速做出反应，先好言相劝，如果他不听，再将其踢出直播间。

面对人为的突发情况，主播要具备良好的心理素质，从容不迫地应对和处理，这样才能使直播继续顺利进行下去，而不会影响整体效果。

例如，在某演讲大会上，某演讲者正在兴致勃勃地演讲，突然一位手拿矿泉水的受众走上台，把整瓶矿泉水直接从演讲者的头上倒下。但让人佩服的是，该演讲者在面对这种尴尬的突发情况时淡定自若，反应过来之后整理了一下发型，擦掉脸上的水，对泼水的那位受众心平气和地说了一句："你有什么问题？"随后迅速调整状态，继续演讲，他的这种表现获得了在场所有人的称赞和掌声。当然，那位肇事者也马上被安保人员控制。

主播应该多多向案例中的这位演讲者学习，锻炼自己面对突发情况时的这种稳如泰山的强大的心理素质，这样才能把直播做得更好。

6.2.11 调节：营造良好的直播氛围

由于直播的时间一般来说比较长，不可避免地会出现偶尔冷场的情况，这是因为不管是主播还是观众，都无法一直保持高昂的情绪和高度集中的注意力，时间一久难免会产生疲惫的感觉。所以，此时就需要主播想办法调节直播间的气氛，调动受众的兴趣和积极性。

那么，主播应该如何调节直播间的气氛，避免冷场呢？可以从以下几个方面来做，如图6-24所示。

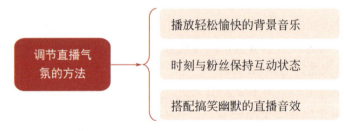

图6-24　调节直播气氛的方法

6.2.12 提炼：打造主播个人特色

对于主播而言，只有不断地输出有创意的优质内容，打造差异化，形成自己独特的风格和特色，才能在竞争激烈的直播行业中占据一席之地。本节主要介绍从粉丝的反馈和主播自身优势的发挥这两方面来打造和提炼直播内容的个人特色。

（1）了解粉丝需求

直播是一场关于主播和用户之间的互动与交流，对于内容的安排和把握除了按照自己的想法来展示给用户之外，还需要通过和用户的互动来了解用户的想法和需求。

俗话说得好："顾客就是上帝。"没有用户和粉丝的支持和关注，直播也就毫无意义，所以主播在考虑直播内容时要从用户的需求出发，抓住他们的痛点，展示他们想看的内容，这样做会使粉丝感到一种"被宠爱"的感觉，从而更加喜欢主播，维护主播，增加对主播的信任，加深彼此之间的互动和联系，也有利于个人特色和IP的形成和打造。

例如，B站某UP主，就经常根据后台网友的留言和评论来选择直播或视频的内容话题。其创作点是以网友或用户的切身利益来展开的。这样不仅能吸引大量的用户观看，而且还能帮助他们解决实际的问题，将自己擅长的领域和用户的需求痛点结合起来，形成了自己独特的内容特色，加强了粉丝的忠实度和黏性。

（2）利用自身优势

对于新人主播来说，要想打造具有个人特色的直播内容，可以从自身优势来入手，包括兴趣爱好、特长技能等。也就是说做自己了解或者所擅长的内容和领域，更有利于打造个人的特色风格。

例如，B站某UP主是中国政法大学的教授，因为早期讲解的厚大法考的知识点和案例的视频被大量在B站转载而走红，之后受邀入驻B站平台，分享一些法律知识和对刑事案件的分析。

他的内容观点见解独到，语言幽默风趣，特别是在进行知识点的举例时，经常拿虚拟人物"张三"作为代表，被广大网友调侃为"法外狂徒张三"，从而成了一个网络流行的梗，这便是利用自身的优势来打造个人特色风格的体现。

自身的优势可以是先天优势，也可以是后天优势，所谓先天优势指的是颜值高或者声音很好听；后天优势指的是通过学习所掌握的技能，比如才艺、知识等。

例如，B站某主播的声音很好听，声线属于可爱少女型的那种，吸引了一大批男性粉丝，她不仅歌唱得很好听，而且人也长得不错，还会打游戏，不过独特的嗓音是她最大的特色。

人设：塑造主播人格魅力

随着直播行业的快速发展，入驻直播平台的主播不计其数，但在众多的主播中，能给人留下深刻印象的却非常之少，原因在于大部分主播都没有一个属于自己的清晰的人设和定位，而清晰的人设定位又是打造个人风格特色、形成自己品牌和IP最为重要的条件。

通过对比那些顶级流量的网红主播不难发现，他们身上都有一个共同特征，那就是拥有属于自己个性鲜明且非常受欢迎的人设，这是区别于其他普通网红或主播的原因之一。那么什么是人设呢？人设的作用又是什么呢？究竟该如何来打造适合自己的人设呢？接下来就为大家一一揭晓。

6.3.1 科普：人设定义及作用

所谓人设是指人物形象的设定，通过设计人物的外貌特征、服装样式、身份背景、性格特点以及行为习惯等来营造在别人心中的印象。人设的概念最早起源于日本动漫产业的人物设定，是动画创作术语，后来被引用到剧本和故事的创作中，现在被普遍应用于个人形象的打造，尤其是娱乐明星。

人设的目的就是吸引特定的群体，比如大家说某人的性格是积极乐观、善良宽容，非常受别人的欢迎和喜爱，当他得到这种评价越来越多、越来越久时，就会自动地去维持这种形象和表现，于是这种性格就变成了他的人设。

人设是一种当你负能量爆棚、黑暗面出现时，用来吊住你平时的行为表现的东西。人设会规范你的行为举止，让你知道什么样的话不能说，什么事情不能做，帮助你把损失范围控制到最小。

人设这个词在娱乐圈非常流行，明星之所以要给自己设立人设是为了吸引特定的粉丝人群。因为如今粉丝对明星的消费选择是基于个人的爱好，"萝卜青菜，各有所爱"，明星个人是很难满足所有人的喜爱和需求的。所以明星需要打造自己特定的人设，垂直化运营，投其所好。

不仅是明星要设立人设，普通人也会有意无意地给自己设立人设，比如：宅男、腐女、学霸、吃货等这些标签。我们建立人设最常用的手段就是发朋友圈，通过分享自己的思想价值观、情绪喜好、生活场景等来提升在他人心目中的形象，获得更多的关注和认可。

在人际交往的过程中立人设还有利于快速建立人际关系，看各自身上的标签来选择适合自己交往的人。物以类聚，人以群分，在这个信息爆炸的时代，为了高效地给人留下印象，需要事先设立好自己的人设。

对于主播来说建立人设的目的是管理和控制观众对自己所形成的印象，这个过程在心理学上被称之为"印象管理"。由于网络的虚拟性，要让大家了解完整真实的主播是不可能的，所以主播就需要集中方向打造出一种讨喜的、特定的人设来让受众快速地记住自己。

主播打造自己的人设就像是商品包装，为自己贴上个性化的标签，而受众则凭借主播身上的标签来找到自己喜欢的，并对他产生认同。主播的人设是最容易辨识的标签，建立人设才能和受众产生联系和互动，尽管这种人设可能和主播的真实形象不一样，但也比什么特点、个性都没有的要好。

积极正面的人设能够给受众留下一个好的印象，为主播快速地吸引粉丝。不得不承认，人设如果运营得好，对主播的作用是非常大的。

6.3.2 塑造：建立人设的5个方面

对于新人主播来说，该如何建立适合自己的人设呢？可以从以下5个方面着手，如图6-25所示。

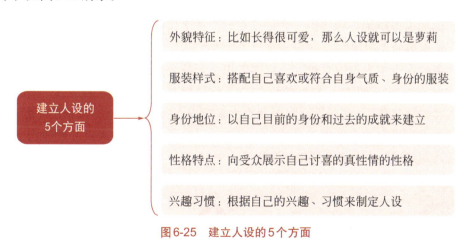

图6-25　建立人设的5个方面

我们来看一个打造合适人设的典型案例。图6-26所示为某快手主播的账号简介。

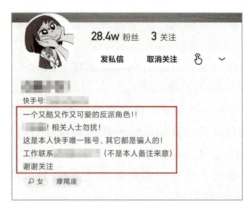

图6-26 某快手主播的账号简介

从案例中我们不难看出，该快手主播给自己的人设定位是可爱少女形象，是"一个又酷又作又可爱的反派角色"，这种人设不仅符合她自身的真实形象，而且个性十足，惹人喜爱。那句"大家好，我是白醋少女，一个又酷又作又可爱的反派角色！"的口头禅成了她每次视频或直播的开场白，这样的做法使得她的这种人设不断得到强化，吸引了众多粉丝关注。

对于一个优秀的主播而言，除了展现优质的直播内容以外，通常都具有其特定的人格魅力，所谓人格魅力本质上就是主播对自己人设的定义。打造人设可以让主播的定位更加清晰独特，能使粉丝通过标签和关键词就能记住你，所以好的人设必须要有记忆点。

直播开始时的自我介绍是打造主播人设的一个绝佳的机会，好的自我介绍能让你的人设更加立体饱满，并使受众对你产生信任和共鸣，从而使人印象深刻，让更多的人记住你。

主播在设定人设的时候，一定要考虑是否符合自身的性格，很多人一味地追求完美，"金无足赤，人无完人。"一旦你稍微有一点没做好的地方，就会被众人"口诛笔伐"，站在道德的制高点上来指责、绑架你，这样反而得不偿失。除此之外，设定的人设重点是要讨人喜欢，只有受人欢迎的人设才能吸引更多的粉丝和关注，也才能得到粉丝的认可。

专家提醒

人设不要选跟自己毫不相关或反差太大的形象设定，不然严重的违和感会让受众觉得很出戏，甚至会产生反感的心理。

6.4 形象：给人留下良好印象

在直播行业中，对主播来说个人形象的塑造是非常重要的，特别是对于一些需要真人露镜的直播而言，主播的外貌着装、形象气质在很大程度上影响着直播间的人气和直播的效果。

当然，颜值和外貌这种东西是相对的，古人云："以色事人者，色衰而爱驰，爱弛而恩绝。"美貌会随着时间的流逝和年龄的增大而不复存在，所以作为一名主播，不能只靠颜值，还得有一定的才艺技能和人格魅力，这样直播事业才能做得长久。为了帮助主播打造高颜值，将从以下4个方面来分别讲述。

6.4.1 装束：选择合适的直播服装

一个人的穿着打扮能体现整体气质，对于主播来说则更是如此。不同的服装搭配能给人不同的视觉感受，主播可以根据直播的主题和内容来选择合适的服装风格，这样不仅能满足不同受众群体的需求，还能给自己的直播增添丰富的色彩。

需要注意的是，并不是所有的主播都能对服装进行百搭，有些主播由于外貌、身材、年龄的限制只适用于一两种服装风格搭配，如果强行尝试其他类型风格的衣服，则会显得很不自然和协调，反而降低了颜值。

对于主播的服装搭配，应该从自身条件、相互协调和受众观感这3个方面来考虑，如图6-27所示。

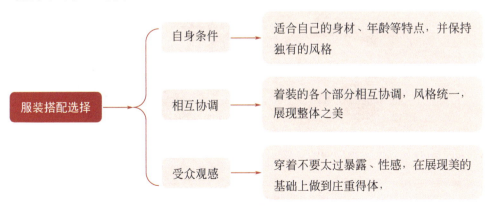

图6-27 主播服装搭配的3个方面

另外，主播的发饰也是一个重点，对于女主播来说，不管是长发还是短发，选择自己喜欢和合适的风格就好。但需要注意头发尽量不要染奇怪的颜色，也不能显得太过凌乱，要自然干净。

6.4.2 美妆：主播化妆方法和步骤

除了服装搭配，最重要的环节就是化妆了，化妆是绝大部分爱美之人必备技能之一。化妆能让高颜值的人完美地展现自己的魅力，能使长得一般的人提高自身的颜值。主播要想吸引更多的受众观看直播，就得学会化妆技巧，提高自己的颜值，接下来就为新人主播介绍一些常用的化妆技巧。

（1）清洁护肤

先用洗面奶清洁皮肤，然后用爽肤水和乳液补充水分，使皮肤保持滋润，为化妆做好准备。

（2）遮瑕美化

涂抹隔离霜、BB霜遮掉脸部的瑕疵，然后根据自己的肤色选择与之相同或者接近的粉底液，这样看起来会更加自然真实，上完粉底之后用散粉定妆。

（3）眉毛眼影

一般是先画眉毛再画眼线，画眉毛使五官轮廓更有型，画眼影使眼睛变大、更加漂亮。选择适合自己颜色的眉笔，先勾勒上下水平线，画出眉型，再填充勾勒。眼线的话，建议新手主播选择单色眼影。图6-28所示为眉妆和眼影的效果参考。

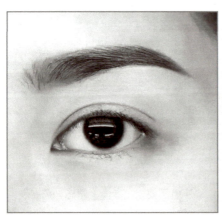 

图6-28 眉妆和眼影的效果参考

（4）腮红口红

画完眉毛和眼影之后，涂腮红跟口红，同样根据自己的肤色来选择腮红的款式颜色。当然，每个人的脸型不同，涂腮红的位置也会有所不同，最简单的腮红画法是在"苹果肌"处由外向内画圆，至于口红则根据自己喜欢的颜色款式来选择涂抹。图6-29所示为腮红产品和口红效果展示。

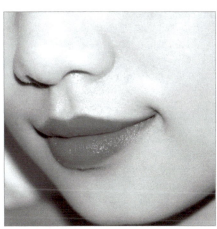

图6-29 腮红产品和口红效果展示

以上就是主播化妆技巧的基本步骤，精致的妆容能让更多的受众变成你的粉丝，化妆不仅能提升主播的个人形象，而且能提升受众的观看体验。对于直播来说，化妆是快速提高主播颜值的最实用的方法，相对于整容来说，化妆具有以下几个优势，如图6-30所示。

图6-30 化妆相对于整容的优势

除美妆类的直播以外，主播在化妆的过程中应该考虑受众的视觉感受，选择让人舒服而不是带给人绝对视觉刺激的妆容，所以主播妆容的第一要求就是让人赏心悦目。当然，主播的妆容还要考虑其自身的形象和气质，不要因为化妆而破坏了原本独有的气质形象。

6.4.3 角度：不同直播方位展示

不同的直播类型主播所选择的上镜角度不同，所呈现给受众的直播效果也不一样，下面就来给大家介绍直播中几种常见的直播姿势和角度。

（1）俯视角度

图6-31所示为俯视的直播角度。

图6-31 俯视的直播角度

（2）近距离和远距离

近距离的直播角度能突出产品或主播的画面细节，远距离的直播角度能展示直播间的基本全貌，如图6-32所示。

图6-32 近距离（左）和远距离（右）的直播角度

（3）正面和侧面

图6-33所示为主播正面和侧面的直播角度。

图6-33 正面（左）和侧面（右）的直播角度

其实，还有一种特殊的直播方式，那就是不露脸直播，这种方式在游戏直播中比较常见，这样做的好处是能使受众全神贯注地观看直播内容，又能营造一种神秘感，让受众对主播的外貌产生强烈的好奇。

6.4.4 气质：精神面貌非常重要

直播的精神面貌反映出主播的精神状态，如果精神状态好，那么相应的直播也会有不错的效果；如果精神状态不佳，那么直播效果就有可能大打折扣。所以，在直播时保持良好的精神面貌对主播来说非常重要，它能够感染受众情绪，增强直播间的气氛。

精神面貌，指的就是一个人的精气神，精气神充足对主播的颜值也会有所提升，不同的精神面貌给受众的观看体验截然不同，试想一下你是觉得阳光开朗、积极乐观的人好看，还是整天愁眉苦脸、悲观消极的人好看呢？

6.5 树立：打造主播个人IP

新人主播要想通过直播成为热门网红，就得学会树立自己独特的风格，打造自己的个人IP。本节主要讲述IP品牌的打造方法和主播IP的7种属性等。

6.5.1 IP：增加品牌影响力

个人IP是当今互联网营销的一个重要手段和模式，它相当于个人品牌。为了更好地了解主播如何通过直播平台进行营销，为大家讲解个人IP打造的4种方法。

（1）确定主播人设

确定自己的人设类型是否合适、恰当，需要考虑的是是否满足了自身所面向的用户群体的需求，因为"人设"的出现，在一定程度上就是为了满足大众的需求行为。

"人设"，可以迎合受众的怡情心理，从而增强对其人设的认同感，这样才可以让用户愿意去了解、关注主播。所以在打造人设形象时，确定好人设的类型是关键。

现在市场上，出现各种各样的人设标签类型，一些经典的有女王、冷面、萌妹子、天然呆等。选择流行的人设风格，是快速引起用户兴趣，刺激他们点击欲望的有效方式。

① 精准人设。一个优秀的主播一定是有其独特的人格魅力的，一个精准的人设可以最大化地拓展主播受众面，吸引到目标粉丝，只要他们愿意了解，就会成为粉丝或者潜在粉丝，从而实现主播自身影响力的最大化传播。

精准的人设就是能让观众、粉丝凭借一个关键词，就能想到某个具体的人物。所以，主播的人设一定要有记忆点，使人印象深刻，没有记忆点的人设不是精准的人设，更不能算成功的人设。

② 增设标签。一个人一旦有了影响力，就会被贴上一些标签，这些标签就可以组合成一个虚拟的"人"。当提到某个标签时就可能想起某人，并非只是一个单纯的名字，还有其带给他人的印象，比如严谨、活泼、可爱等。

主播可以把自己的人设标签加入到名称和直播标题中，一旦有人在搜索框中搜索相关的标签，就有可能搜索到自己，如图6-34所示。

（2）形成个人特色

打造人物IP的本质是需要形成个人的特色内容，吸引粉丝要靠内容，那些能够沉淀大量粉丝的人物IP在形成个人的特色时，运用了一定的方式与方法，下面将进行具体分析。

图6-34 搜索关键词后出现的主播和直播间

① 社交媒体的打造。人物IP的兴起并不是偶然现象，而是网络社交媒体发展过程中的一种新产品，其中网红就是最直接的体现，网红也因此成了最大的受益者。

从目前来说，正是微博、微信等网络社交媒体平台的迭代催生了网红，同时也刮起了IP营销热潮。那些被粉丝追逐的人物IP，在网络社交媒体上都拥有良好的用户基础，所以才能取得好的成绩，尤其是一些热点IP，更是成了内容营销的争抢目标。图6-35所示，为网络社交媒体的人物IP特点。

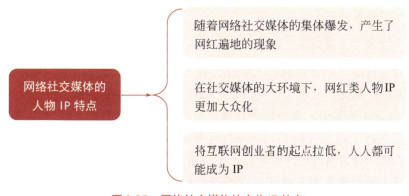

图6-35 网络社交媒体的人物IP特点

网络社交媒体的流行，尤其是移动社交平台的火爆，让很多能够创造优质内容的互联网创业者成了自媒体网红，这个趋势还将进一步延伸。

② 变现能力的提高。当然，要想获得真正的成功，一个重要的考量就是变现，即使你具备再强的实力，但却赚不到一分钱，那么你的价值就没有得到真正的体现。

如今，人物IP的变现方式已经越来越多，如广告、游戏、影视、直播、社群、网店、卖会员以及粉丝打赏等。人物IP只有具备较强的商业变现能力，才能获得真正的粉丝经济的红利。

③ 学习和经验的积累。作为人物IP形成的重要条件，内容创造如今也出现年轻化、个性化等趋势。要创作出与众不同的内容，虽然不要求你有多高的学历，但至少要能展现出有价值的东西。从某种方面来看，知识的丰富程度决定了内容创作水平。

④ 产业活动的衍生。在进行内容传播时，主播切不可只依赖单一的平台，互联网讲究的是"泛娱乐"战略，主播或企业可以围绕IP，将内容向游戏、文学、音乐、影视等互联网产业延伸，用IP来连接和聚合粉丝情感。

⑤ 核心价值观的明确。要想成为超级IP，首先你需要一个明确的核心价值观，即平常所说的产品定位，也就是你能为用户带来什么价值。企业在打造IP的过程中，只有明确了价值观，才能轻松地做出决定，对内容和产品进行定位，才能突出自身独特的魅力，从而快速吸引关注。

⑥ 人格化魅力的培养。在打造人物IP的过程中，主播需要培养自身的正能量和亲和力，可以将一些正面、时尚的内容以比较温暖的形式第一时间传递给粉丝，让他们信任你，在他们心中产生一种具备人格化的偶像气质。

俗话说"小胜在于技巧，中胜在于实力，大胜在于人格"，在互联网中这句话同样有分量，那些超级IP们之所以能受到人们的欢迎和喜爱，就是因为他们具备了一定的人格魅力。

（3）包装个人品牌

如今，直播已非常普及和大众化，在主播类人物IP形成过程中也具有一套完善的输出产业链，可以帮助主播更好地打造属于个人的品牌。

① 自身才艺吸引。要想成为直播主播，首先你需要有一技之长，这样才能吸引网友关注。当然在国内，主播除了拥有才艺外，还需要直播平台的扶持，才能完成从网红到网红经济的跨越，实现名利双收的IP价值。

同时，平台也在相互渗透，这种改变使主播实现了引流和内容发布等供应链的集中，进一步缩短了粉丝变现的途径。如今，直播已经成为一个社交平台中的互联网流量中心，主播强大的粉丝黏性将为这些供应链平台带来更多的价值。

② 平台与公会扶持。大部分主播都会有一个所属公会，这些公会通常会收取主播收入一定比例的抽成。公会在直播行业的供应链中占据很重要的地位，他们不但控制了下游的主播，而且还拥有强大的营销、市场、传播、技术等能力。

尤其在以主播为内容本身的秀场直播中，公会对于平台的价值非常大，他们管理着大批的优质主播，不断向平台输送内容。其实，公会本质上就是一个小型的经纪公司，并且构建了主播的三级经济链条。对于那些拥有好的内容，而且播出时间比较稳定的主播，公会会进行推荐，从而将其炒红。

③ 平台与平台合作。好的直播平台可以快速吸引主播入驻，这些主播同时也能为平台带来更多的用户和收入。各种直播平台的出现也让IP争夺越来越激烈，而且很多平台开始借势于电视剧、电影、综艺等热门IP，帮助平台吸引更多新用户。

在各种直播平台上，用户不但可以看到熟悉的网红主播，还能看到很多明星艺人的直播。这些影视综艺IP与直播平台的合作，对于双方来说是一件互惠互利的事情。对于直播平台来说，主播、明星、企业等都拥有自身的定位和功能，他们自上而下在平台上的结合，可以形成一条完整的产业链结构和新的商业模式。

（4）挖掘网红经济

网络红人强大的影响力、号召力使网红成为一种新的经济模式，在各种内容形式的带动下，IP逐渐摆脱文娱产业的束缚，例如钟表老师傅王津，就是因专业的古董修复技术而成为网络红人的。由此可见，在网红的带动下，IP开始向整个经济市场迈进。

接下来，将介绍网红经济挖掘IP的取胜之道，具体内容如下。

① 数据分析预测。主播想要吸引用户关注，需要具备一定的大数据分析能力。直播和积攒人气需要数据来作为支撑，也需要运用大数据分析直播内容、粉丝等，实现更精准的内容营销。有的网站会为主播提供各方面的数据。例如，飞瓜数据分析，如图6-36所示。这些数据为设计更好的直播内容提供依据和参照。

② 平台运营维护。社交平台是在互联网中获得粉丝的关键阵地，对于主播来说，需要掌握社交平台的运营维护能力。只有运营好微信、微博、QQ等社交平台，才能将粉丝的力量转化为真金白银。主播可以在社交平台上与粉丝进行沟通和交流，并利用他们感兴趣的内容来吸引他们，从中获得利益。

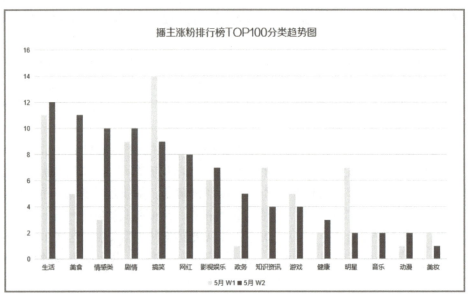

图6-36　飞瓜数据分析

6.5.2　性质：主播7种IP属性

满世界都在谈论IP，IP究竟是什么？简而言之，IP就是招牌。它是当今互联网营销的一个重要手段和模式。为了更好地了解主播如何通过直播平台进行营销，我们有必要事先了解主播的7种强IP属性。

（1）传播属性

随着移动互联网的飞速发展，网络上各种内容的传播速度不断加快，作为一个IP，无论是人还是事物，也都需要在社交平台上拥有较高的传播率。只有在QQ、微信、微博等主要的移动社交平台上都得到传播，才能符合一个强IP的标准。

一个强大的IP所必需的属性就是传播，只有传播的范围广，才能影响到各个方面，从而得到更多的利益回报。主播在各个不同的平台推广自己，才能成为影响力更强的IP。

同时，口碑也是IP传播属性的重要体现环节。所谓口碑，就是人们对一个人或一个事物的评价。很多时候，人们的口耳相传往往比其他的宣传方式更加直接有效。例如，大型连锁书店——诚品书店就是一个具有良好口碑的IP。图6-37所示为诚品书店官网图片。

图6-37 诚品书店官网图片

诚品书店之所以能够深入人心，是因为其注重IP的口碑传播属性。口碑传播越强，品牌效应也就越大，营销也就越成功。因此，主播需要像诚品书店这个IP一样，全力塑造自己的口碑，这样才能传播得更广。

诚品书店作为一个独具文艺特色的品牌，凭借"连锁不复制"的理念和多年积累起来的口碑，已经将各种商业活动拓展开来，如文艺展览、网络购物、旅行和不动产等。

（2）内容属性

如果一个IP想要吸引更多平台的用户，就应该打造优质且真正有价值的内容。在如今这个"营销当道"的社会，内容的重要性是不言而喻的。随着时代的发展，平台的多样化，从微博到微信公众号，内容生产者的自由度也越来越高，相应的，内容也变得多彩多样、个性十足。图6-38所示为微信订阅号的内容列表。

面对如此繁杂的信息内容，不免有些审美疲劳。那么，该如何吸引用户的眼球呢？这就需要内容生产者时刻把握市场的动态，关注用户的需求，然后生产出相应的内容，打造出一个强大的IP。

除此之外，内容属性与年轻群体的追求也是分不开的。一个IP是否强大，主要是看塑造出来的内容是否符合年轻人的喜好。

图6-38 微信订阅号的内容列表

（3）情感属性

一个IP的情感属性容易引起人们的共鸣，能够唤起人们心中相同的情感经历，并得到广泛认可。主播如果能利用这种特殊的IP属性，将会得到更多用户的追捧和认同。

例如，"一禅小和尚"就是一个以分享心灵鸡汤和人生哲理等情感内容的火热原创动漫IP。它的内容往往富有很深刻的道理，能触动人们内心最柔弱的地方，引起强烈的共鸣。图6-39所示为"一禅小和尚"在抖音发布的情感内容。

图6-39 情感类内容

直播创作也是如此，选择情感类的直播内容是一个很好的创作方向，只有具有情感属性的IP才能引起用户和粉丝的共鸣，吸引更多流量。

（4）粉丝属性

IP之所以被称为IP，就是因为其背后有庞大的忠实粉丝的支持，主播也是一样，离开了粉丝支持的主播不能被称为IP。热门IP都具有粉丝属性，如刚刚提到的"一禅小和尚"，这个IP在抖音平台上就拥有4831.1万粉丝，如图6-40所示。

图6-40　粉丝数量

（5）前景属性

一个强大的IP，必定具备良好的商业前景。以音乐为例，如果一个原创歌手想要将自己的歌曲打造成一个强IP，就必须赋予歌曲商业价值。

随着时代的发展，音乐领域的商业价值不仅体现在唱片的实体销售量上，而且还包括付费下载和在线播放量。只有把握好各方面的条件，才能卖出更多的产品，打造强大的IP。

例如，有"亚洲流行天王"之称的某歌手纵横华语乐坛数十年，其创作的流行歌曲拿下过无数音乐大奖，是80后、90后，甚至00后的青春记忆。他代表着一个时代，如今他的每一首歌曲在音乐平台上都需要开通会员或者购买才能听和下载。图6-41所示为他的某张数字专辑的购买页面。

图6-41 数字专辑的购买页面

当然,既然说的是前景属性,那么并非所有的产品在当下都具有商业价值。企业要懂得挖掘那些有潜力的IP,打破思维固态,从多方位、多角度进行思考,全力打造符合用户需求的IP,才会赢得IP带来的人气,从而获取大量利润。主播同样也要学会高瞻远瞩,看准发展方向,拓宽发展空间,打造一个强IP。

除此之外,伴随性也是一个好的IP不可或缺的特征。何谓伴随性?简单地说就是陪伴成长。打个比方,如果你面前有两个动漫供你选择,类型相同,你会选你从小看到大的动漫,还是长大以后才看的动漫?相信大多数人都会选择从小看到大的动漫,因为那是陪伴他一起成长的青春。

例如,日本动画片《哆啦A梦》已经诞生几十年了,相关的动画片还是在播放,火热程度也依然不减当年。所以说,一个IP的伴随性也直接体现了其前景性。如果IP伴随着一代又一代的人成长,那么就会打破时间和空间的限制,制造出源源不断的商业价值,历久弥新。作为主播,当然也要懂得持久的重要性,这样才能成为具有商业价值和市场前景的IP。

(6)内涵属性

一个IP的属性除了体现外部的价值、前景等,还应注重其内在特有的情怀和内涵,而内涵则包括很多方面。例如积极的人生意义、引发人们思考和追求的情怀以及植入深刻价值观等。

但IP最主要的目的还是营销,所以IP的内涵属性要与品牌自身的观念、价值相契合,才能吸引用户的眼球,将产品推销出去。

企业需要将自身的特质内涵与IP相结合，才能让IP营销显得无缝连接，让消费者自愿参与到营销之中，让企业的IP走上强大之路。主播也是一样，只有将自身的闪光点与个人品牌结合起来，才能成为一个强IP。

除此之外，主播还可以对IP进行拓展，从而衍生出周边产品。当然，对IP进行拓展的关键就在于体现出更加丰富的内涵。

丰富IP内涵，需要主播将主要精力放在内容的创作上，而不是单纯地追求利益，急功近利是打造IP的大忌。只有用心创作内容，才会使得用户投入其中，从而彰显出IP的内在价值。

（7）故事属性

故事属性是IP吸引用户关注度的关键属性，一个好的IP，必定是有很强的故事性的。例如，著名的《西游记》为什么会成为一个大IP？主要原因就在于它的故事性很强。《西游记》讲述了唐僧师徒4人历经九九八十一难去西天取得真经的故事，八十一难代表了81个和妖魔鬼怪斗智斗勇的精彩故事，所以西游记这个IP本身具有很强的故事属性。

图6-42所示为改编自《西游记》的国产3D动画电影《西游记之大圣归来》的电影宣传海报。

图6-42 《西游记之大圣归来》电影宣传海报

不仅如此，随着《西游记之大圣归来》的火热播出，一系列相关产品也相继推出，这个强IP的故事属性使得营销变得更加简单。如果我们仔细分析每一个强IP，不难发现他们都有一个共同点——故事性强。正是这些IP背后的故事，引起了用户和粉丝浓厚的兴趣。

自《致我们终将逝去的青春》开始，电影界就掀起了一阵"青春校园"的热潮。例如，《匆匆那年》《同桌的你》《左耳》《睡在我上铺的兄弟》等这些年大热的国产青春片，触动了不少人的回忆与情怀，也吸引了大量的市场和资本。尽管人们对其内容褒贬不一，但还是在票房和影响力上取得了非凡的成绩，这其中的原因就在于这些青春题材的电影故事性强，正好与用户的口味相符。

根据某作家的小说《谁的青春不迷茫》改编而成的同名电影赢得了大众的喜爱，因为它保持了对原著的尊重，在挑选演员方面也没有依靠流量小生吸引观众，而是选择了实力演员，凭借故事和对青春的尊敬来赢得IP的成功。

好的故事总是招人喜欢的，在IP的这种故事属性中，故事内容的丰富性是重中之重。对于主播来说，如果你有好的故事，就能为你吸引更多粉丝。

6.5.3 输出：打造IP的产业链

从YY开始直播之路至今，直播市场已经经历了十几年的发展，尤其是2013年的游戏直播兴起，互联网上涌现了一大批直播平台。如今，直播行业进入了发展的高峰期，同时直播主播类人物IP也正式形成了一套完善的输出产业链。

平台是直播IP产业链中非常重要的环节，打造网红主播的平台主要包括社交平台、经纪公司以及供应链生产商，其具体内容如图6-43所示。

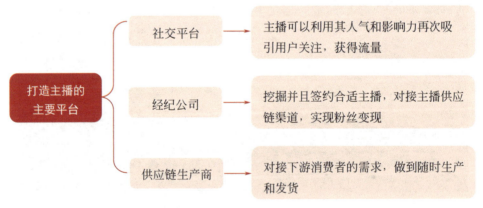

图6-43　打造主播的主要平台

同时，这些平台也在相互渗透。例如，作为社交平台的"老大哥"，手机QQ在其应用上也置入了第三方平台的直播入口，如图6-44所示。

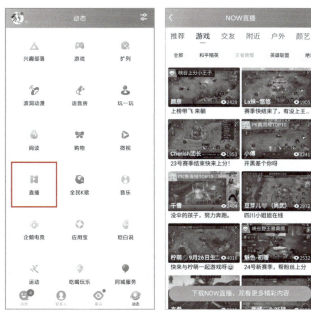

图6-44 手机QQ的直播入口

许多主播都会通过加入公会来获得支持,以便让自己快速提升和成长。图6-45所示为YY直播平台的部分公会。

图6-45 YY直播平台的部分公会

公会在直播供应链中有着非常重要的作用,如图6-46所示。

图6-46　公会在直播供应链中的作用

6.6　预备：做好运营准备工作

对于新人主播来说，熟悉和掌握直播运营的工作流程是必备的技能之一，除此之外，新人主播还需要注意避免直播间常犯的错误。接下来，就来详细讲解这两方面的内容，帮助大家更好地做直播。

6.6.1　模块：直播运营3大板块

直播运营的工作环节主要分为3大板块，即内容运营、用户运营和数据运营，它们的具体的内容如下。

（1）内容运营

直播的内容运营包括直播内容的形式、直播的时间、时长以及内容的安排。常见的直播内容形式主要有3种。

① 介绍产品。这主要是针对电商类的直播来说的，主播或商家会利用直播平台推广和销售产品，以增加营销额。

② 讲故事、段子。对于那些有才华的主播来说，讲故事或者段子是一种非常不错的选择，他们可以充分发挥自己的特长和优势。

③ 唱歌。这种直播内容的形式是女性主播最常用的手段，一般来说这类主播大多拥有不错的颜值，声音歌喉也还可以，主播会让用户点歌来满足他们的需求，所以受到广大男性观众的喜爱。

前面讲过有关直播预热的问题，主播要事先确定好直播开始的时间点、大概直播多久，以及直播要讲什么内容等，只有规划好了这一切，才能提高直播的效率和质量。

（2）用户运营

用户运营主要包括3个步骤环节，即引流拉新、用户留存和付费转化。

① 引流拉新。对于直播来讲，粉丝的数量是衡量一个主播的人气、影响力和商业价值的重要指标之一，所以引流拉新是主播直播的重要目标。不同的互联网平台有不同的引流方式，对于刚做直播的新人主播来讲，要尽可能地利用一切推广渠道为自己的直播间增加用户和流量，这样能为以后的直播运营打好基础。

② 用户留存。把其他平台的用户引流到直播间，接下来要做的就是如何留住这些用户，将其转化为自己的粉丝。要提高直播间的用户留存率，最根本、最有效的方法就是输出优质且有创意的直播内容，满足大部分用户的需求。

③ 付费转化。直播的最终目的是流量变现，所以当主播积累了一定量的粉丝之后，我们就要对其进行付费转化了。直播变现的方式有很多种，最直接也最常见的就是给主播刷礼物，我们可以根据实际情况选择适合自己的变现方式。

另外，主播也可以通过策划各种直播活动来增加和用户的互动，这样能增强粉丝的黏性和忠诚度，有利于提高转化率。

（3）数据运营

任何工作和运营都离不开对数据的统计和分析，随着互联网技术的不断发展，数据分析越来越精确，效率也越来越高，特别是大数据时代的到来大大促进了企业对市场和用户人群的分析能力。对于直播这个行业来讲，数据运营是十分有必要的，因为通过对各种直播数据的分析，可以优化和完善各个环节，有助于自己在直播行业的发展和进步。

当主播的直播事业发展到一定的水平和规模时就会形成品牌效应，也就是现在最流行的IP概念，比如那些顶级流量的网红主播，到了这个层次就不需要一个人"单打独斗"了，会有专业的运营团队和完整的产业链帮其进行直播的运营，主播只需要全力做好优质内容即可。

6.6.2 注意：避免直播常见错误

对于新人主播来说，由于不熟悉平台的直播规则，经常会在有意或无意间犯各种错误，从而导致轻则被平台警告处罚，重则直接封号等，这种行为和结果都是得不偿失的。还有一种情况是，虽然没有违反平台规则，但是因为自身的性格和行为导致直播的效果不尽如人意。接下来就来教大家避免直播间一些常犯的错误，以帮助新人主播少走点弯路，如图6-47所示。

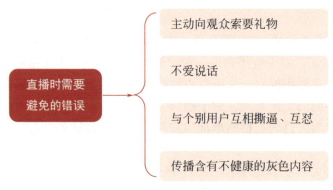

图6-47 直播时需要避免的错误

建议新人主播在正式直播之前，先向有直播经验的前辈请教，或者搜索自己所在平台的相关运营机制，这样可以在一定程度上规避掉上述错误，防止直播扣分的情况发生。

专家提醒

主播在直播的过程中一定不要违反国家的相关法律法规，比如传播色情、暴力、敏感等信息的内容，也不要误导观众的舆论导向、制造事端等。

第7章
流量运营:
快速获取直播粉丝

> 对于主播来说,直播的目的就是吸粉,只有粉丝越多,主播才会越有人气,才会更有价值,也才有可能获得更多流量收益。本章主要讲解主播如何快速获取粉丝,帮助大家成为人气主播。

7.1 预告:在直播前进行预热

很多新人主播都会遇到一个问题,那就是刚开播的时候观众寥寥无几,直播间显得非常冷清。这很大一部分原因是没有做好直播前的预热工作,也就是直播间的预告设置,它包括直播时间的预告、直播封面的预告、直播标题的预告等一系列环节和步骤。

对于直播主播来说,要想让自己的直播达到预期的效果,直播前的预热工作一定要做,它关系到观看直播的用户数量,影响主播的人气和直播的热度。本节主要讲解直播前的预告设置,让主播拥有一个良好的开端。

7.1.1 时间：选择合适的时间段

直播时间的预告包含两个时间，一个是直播开始的时间，另一个是直播预告的时间。这两者的区别在哪呢？具体内容如下。

① 直播开始的时间：就是指主播正式开始进行直播的时间点。

② 直播预告的时间：主播的直播预告是在什么时候发布的，这个时间要早于直播开始的时间。

下面给大家看一个案例，这样就能对直播的这两个时间概念一目了然了。左边图片是主播发布直播预告动态的时间；右边图片是进行直播的时间，如图7-1所示。

图 7-1　直播时间的预告

主播在不同的时间段直播，所吸引到的粉丝群体是不同的。例如，早上直播的竞争压力比较小，而且收入相对稳定，是圈粉的好时机，可以轻松提升人气。

中午和晚上也是不错的直播时间段，因为用户正在休息，观看时间比较稳定，非常有利于粉丝的维护。尤其是晚上，是直播的黄金时间段，观看直播的人数会特别多，用户活跃度非常高。但对新人主播而言并不是特别有利，因为竞争压力会比较大，如果新人主播想要在这个时间段的流量上占有一席之地，就一定要提前做好宣传，这样用户留存率才会高。

7.1.2 封面：做到图片清晰美观

直播封面的预告准备也就是直播的封面，它相当于产品的营销宣传海报，是吸引用户对直播内容感兴趣的最好的展示位，所以直播封面务必要足够吸引人的眼球，让受众产生想要观看和了解直播的欲望。

那么，该如何来设计出色的直播封面呢？总结了以下几点，如图7-2所示。

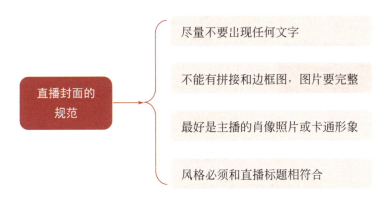

图7-2 直播封面的规范

下面来看某直播平台上一些比较吸引人的直播封面，如图7-3所示。

图7-3 直播封面图的案例展示

7.1.3 标题：围绕侧重点来撰写

除了直播封面的设计之外，直播标题的打造也非常重要，标题和封面决定了直播的点击率和人气，所以要想吸引更多的用户和流量，就必须撰写一个符合用户需求且能引起用户好奇心的标题。那么该如何来打造呢？总结了以下几点直播标题撰写的方法和技巧，如图7-4所示。

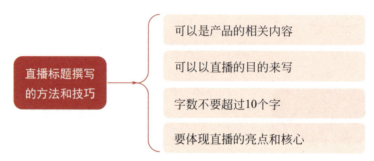

图7-4 直播标题撰写的方法和技巧

总而言之，直播标题的打造要求以能第一时间吸引用户的眼球为标准，下面我们就来看一些案例，如图7-5所示。

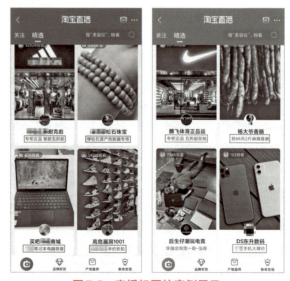

图7-5 直播标题的案例展示

从上面的直播标题案例可以看出，这些标题大多是利用优惠折扣来吸引用户，也有的是利用流行词来吸引用户眼球，如"放漏"，还有以知识解答的形式来抓住用户需求，如"××电脑答疑"等。

7.1.4 标签：设置精准增加推荐

就像做自媒体需要设置内容标签一样，做直播也需要设置标签，标签设置得精准可以获得更多的平台推荐次数，增加直播内容的曝光度，吸引更多的流量和粉丝，"踩中标签"还有利于内容的垂直，提升账号的权重。

在设置直播标签时，需要注意以下几点，如图7-6所示。

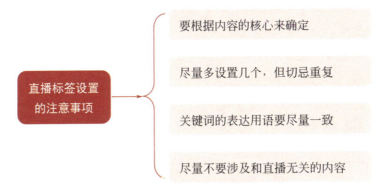

图7-6 直播标签设置的注意事项

图7-7所示为哔哩哔哩直播平台的一些热门直播标签推荐。

图7-7 哔哩哔哩热门直播标签推荐

7.1.5 地点：选择独特直播位置

主播在进行直播之前，可以对地点进行自定义设置，输入关键词，选择自己想要的地名作为直播的位置，以此来达到吸引观众的目的。下面，以淘宝主播为例来介绍具体的操作方法。

◉ 步骤01 打开淘宝主播APP，在"我的"页面点击"发布直播预告"按钮，如图7-8所示。

◉ 步骤02 进入"发布预告"界面，点击"直播地点"按钮，如图7-9所示。

图7-8 点击"发布直播预告"按钮　　图7-9 点击"直播地点"按钮

◉ 步骤03 进入"添加位置"页面，选择自己想要的地址，如"滴水茶楼私人会所"，如图7-10所示。添加完成之后，自动返回上一界面，这时就会显示已添加的直播地点，如图7-11所示。

图7-10 "添加位置"页面

图7-11 显示直播地点

7.1.6 宝贝：直播商品选择技巧

对于电商类主播的直播带货来说，直播产品的选品环节是非常重要的，产品选择是否合适决定了主播的销量和业绩的好坏，进而影响主播的价值和收益。所以，主播应该从以下几个方面来考虑产品的选择，如图7-12所示。

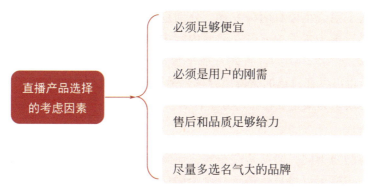
图7-12 直播产品选择的考虑因素

其实，对于电商直播带货这个行业来说，真正重要的是产品和价格本身，以及整个供应链背后的运作团队，只要产品足够好，足够刚需，价格足够便宜，随便哪个主播都能卖出不错的销售业绩。

7.2 吸粉：多种直播推广模式

主播想要获取更多的流量的话，光在直播平台吸粉是远远不够的，还需要学会将其他平台和渠道的流量也吸引过来。本章主要介绍社交平台、店铺、口碑营销、平台联盟和地推5种推广模式。

7.2.1 社交：最便捷的直播推广

对直播进行推广和预热是十分有必要的，只有这样才能保证开播时有一定的流量。下面就以微博、微信、知乎、喜马拉雅这4个社交平台为例，来教大家如何在社交平台进行直播的推广和预热。

（1）微博

在微博平台，用户只需要用很短的文字就能反映自己的心情或者发布信息，这样便捷、快速的信息分享方式使得大多数企业、商家和直播平台开始抢占微博营销阵地，利用微博"微营销"开启网络营销市场的新天地。

在微博上引流主要有两种方式，分别是展示位展示相关信息和在微博内容中提及直播。更为常见的就是在微博内容中提及直播或者相关产品，增加宣传力度和直播的热度。例如，各大直播平台都开通了自己的微博账号，而主播、明星、名人也可以在自己的微博里分享直播链接，借此吸引更多粉丝。

图7-13所示为某企业在微博分享直播，进行预热。

（2）微信

微信与微博不同，微博是广布式，而微信是投递式的营销方式，引流效果更加精准。主播可以将直播链接分享给微信好友，这样就可以将微信好友转化为自己的直播粉丝。主播还可以让好友帮忙转发直播信息，这种推广方法对于

图7-13 在微博分享直播

新主播来说更为适用,因为熟人会更愿意帮助推广,逐渐扩大影响力,这样才能吸引新用户的注意,获得更多流量。图7-14所示为将直播分享给微信好友的案例。

图7-14 将直播分享给微信好友

朋友圈这个平台对于主播来说,虽然一次性传播的范围比较小,但是从对受众的影响程度来说,却有着其他平台无法比拟的优势,如图7-15所示。

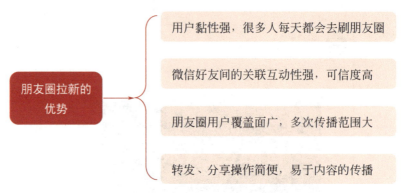

图7-15 朋友圈拉新的优势

通过微信群发布自己的作品,其他群用户点击视频后可以直接查看,增加内容的曝光率。但要注意发布信息的时间应尽量与原视频直播时间同步,也就是说在快手、抖音等平台发布了直播预热信息后马上分享到微信群,但不能太频繁。

在微信平台上,我们可以通过将直播信息转发朋友圈和微信群来引流,如图7-16所示。

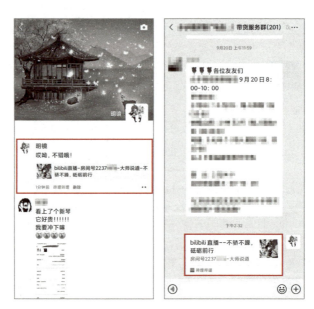

图7-16 在朋友圈和微信群分享直播

(3)知乎

知乎是一个分享知识以及经验交流的平台,可以在上面进行分享知识经验的直播。图7-17所示为知乎直播。

图7-17　知乎直播

除了直播以外，主播还可以在知乎上开设Live讲座，如图7-18所示。相比直播而言，Live讲座的内容更具干货性。

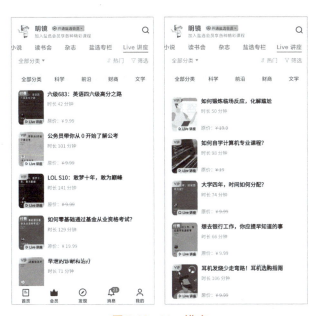

图7-18　Live讲座

（4）喜马拉雅

音频内容的传播适用范围更为多样，运动、读书甚至工作等多种场景，都能在悠闲的时候收听音频节目，音频相比视频来说，更能满足人们的碎片化需求。对于运营者来说，利用音频平台来宣传主播和直播信息，是一条非常不错的营销思路。

音频营销是一种新兴的营销方式，它主要以音频为内容的传播载体，通过音频节目推广品牌、营销产品。随着移动互联的发展，以音频节目为主的网络电台迎来了新机遇，音频营销也得以进一步发展。音频营销的特点具体如下。

① 闭屏特点。闭屏特点能让信息更有效地传递给用户，这对品牌、产品的推广营销而言是更有价值的。

② 伴随特点。相比视频、文字等载体来说，音频具有独特的伴随属性，它不需要视觉上的精力，只需耳朵收听即可。

以"喜马拉雅FM"为例，它是一款知名的音频分享应用，用户可以通过它收听国内、海外等地区几十万个音频栏目。"喜马拉雅FM"相比其他音频平台，具有以下功能特点，如图7-19所示

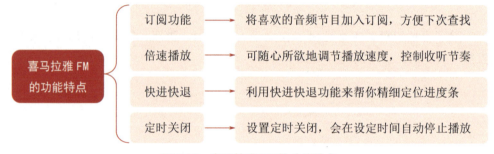

图7-19　喜马拉雅FM的功能特点

在喜马拉雅FM平台上，用户可以直接通过搜索栏寻找自己喜欢的音频节目。对此，运营者只需根据自身内容，选择热门关键词作为标题便可将内容传播给目标用户。运营者应该充分利用受众碎片化的需求，通过音频平台来发布直播信息广告，音频广告的营销效果相比其他形式的广告投放更为精准。而且，音频广告的运营成本也比较低，十分适合新主播。

7.2.2　店铺：通过微淘站内拉新

除了利用社交平台进行站外拉新之外，还可以通过对商家店铺、微淘等渠道进行预热，引导用户粉丝访问直播间进行站内拉新，提高直播间活跃度，进

而获得更多的流量和曝光度。

以淘宝平台为例，向大家具体介绍几种站内拉新的方式。

① 在淘宝店铺的首页可以放入预热模板，如图7-20所示。

② 商家可以设置客服自动回复，使其能看到直播信息，如图7-21所示。

图7-20　淘宝店铺首页预热

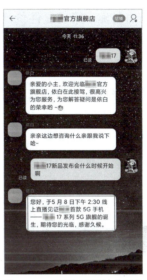
图7-21　设置客服自动回复

③ 通过淘宝中的"微淘"渠道发布直播信息也是一个有效、直接的方式，如图7-22所示。

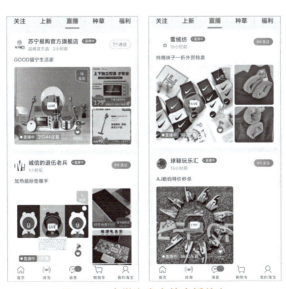
图7-22　在微淘发布的直播信息

7.2.3 口碑：低成本的高效推广

"种草"和"安利"都属于口碑营销中产生的词，有哪些可以形成口碑的因素呢？可以从3点出发，第一为服务，就是提高产品的服务，进而形成口碑；第二为设计，可以利用"颜值"取胜，通过产品的外形或者设计来"种草"，也可以是产品的名称；第三是性价比，利用性价比形成口碑，进行"种草"。下面详细介绍服务和性价比。

（1）优质服务

优质的服务能让消费者在消费过程中获得好的购买体验，因此服务也是销售中的重点。在直播带货中，可以通过树立好的人设赢得粉丝的喜爱，换句话说，就是让粉丝觉得你是一个良心主播，你安利的产品也非常厚道。

优质的服务都是站在用户的角度，让用户感到开心、满足，就是你服务口碑建立的开端，素来以优质服务取胜的品牌有海底捞、Zappos、胖东来。

物流服务也是提高服务质量的重点，用户收货的时间花费得越短，用户对店铺的印象也就越好。给用户提供快速的物流服务，让用户拥有很好的物流服务体验，也可以为自己的品牌赢得很好的口碑。

（2）高性价比

性价比是口碑"种草"中的常见词，性价比的重点在于价格与品质的平衡，产品本身的价值与价格相匹配，或者超出产品价格，性价比高的产品的价格大多较为平价，但并不等于平价产品。

在利用产品的性价比进行直播带货中，重点表现的是产品的质量以及价格的平衡，性价比针对的群体多为实用型用户，性价比推荐的产品多为平价，或者中端产品。例如，Redmi手机、荣耀手机等。

直播带货中口碑"种草"的影响因素有两个：产品和主播，如图7-23所示。

图7-23 口碑"种草"的影响因素

一些平台也会针对直播中的商品货物按照热度进行排名，排名榜的存在也推动了产品的口碑"种草"，让更多的用户根据榜单热度下单。

那么，一个好的口碑又具有哪些影响呢？具体内容如下。

① 挖掘潜在消费者。口碑营销在消费者购买中影响重大，尤其是潜在消费者，这类用户会询问使用过产品的消费者其购买体验，或者查看产品下方评论。所以，已使用过产品的消费者的评价，在很大程度上会动摇或促使潜在用户的购买。

② 提高产品复购率。对于品牌来说，信誉，也就是所谓的口碑，是社会认同的体现，所以好口碑的品牌，也是提高产品复购率的营销方案，同时也反映了品牌的信誉值。

③ 增强营销说服力。口碑营销相较于传统营销，更具感染力，口碑营销的营销者其实是那些使用过产品的用户，而不是品牌方，这些使用过产品的用户与潜在用户一样都属于消费者，在购买建议上更具说服力。

④ 解决营销成本。口碑的建立能够节约品牌在广告投放上的成本，为企业的长期发展节省宣传成本，并且替品牌进行口口传播。

⑤ 促进企业发展。口碑营销有助于减少企业营销推广的成本，并增加用户数量，推动企业成长和发展。

作为本身口碑就较好的主播，可以利用自身的口碑来进行推广。下面就介绍两种最典型、也最有效的方式。

① 自有平台推广。现在一般的主播都会拥有自己的平台，因此在做直播营销时就可以利用自有平台来推广。比如小米会在自己的官方网站推送直播消息，京东会在京东商城推送京东直播的消息等。

小米利用官网进行直播推广能获得更大的浏览量，用户可以通过官网第一时间了解小米的直播动态。首先就是官网推广，接下来才是微博、微信公众号等第三方平台，利用自有平台推广直播，更能培养粉丝的忠诚度。

② 利用展览、会议提升热度。品牌主播可以通过举办展览、开会等方式进行直播推广，因为这些活动通常会引得众多媒体都纷纷参与，从而提升主播的品牌影响力。在此过程中为了宣传主播的品牌，可以加入直播，从而达到推广直播的目的。那么具体应该怎么做呢？即发传单、做PPT展示、宣传册或纪念品。总之，利用口碑和品牌进行推广是一种方便又高效的推广方式，只要运用恰当就会取得良好的成效。

7.2.4 联盟：多个平台共同推广

平台联盟指多个平台进行直播预告，在直播平台直播的同时，将直播链接分享到各个社交渠道，例如微博、朋友圈，还有各大论坛和博客等。除此之外，还能在其他的直播平台进行分享，例如抖音、快手等短视频平台。分享的方式可以直接在资料上进行直播间填写，也可以在平台内上传直播的录屏，进行视频编辑分享。

许多主播会在各大平台通知直播消息，或者分享直播精彩的瞬间。图7-24所示为某主播B站中进行的游戏直播视频分享。

图7-24 在B站分享游戏直播视频

7.2.5 地推：传统营销推广方式

地推作为营销推广方式的一种，主要是利用实际生活中的地推活动获取更大的流量和曝光度，进而达到推广效果的最优化。打个比方，为了宣传一个品牌，你在学校做了一场活动，主要是通过发传单或者做演讲的形式让路人了解。

这样的推广效果往往是很有限的，因为宣传的影响范围比较窄。但如果你在做活动的同时进行直播，就会有更多的人从网上了解这个活动，尽管他可能不会来到现场，但他还是通过直播知道了这件事情，于是品牌在无形之中得到了推广。

地推是一种传统的推广方法，与直播相结合是不可阻挡的趋势，两者相结合能够最大限度地发挥出营销的效果。"地推+直播"模式的优势体现为3点，即粉丝较多、参与度高、传播范围更广。

7.3 推广：联合多个平台引流

跨平台共同推广，可以在直播前对直播间的链接进行多平台分享。以抖音直播为例，抖音粉丝超过50万即可参与"微博故事红人招募计划"，享受更多专属的涨粉和曝光资源，除了微博引流外，抖音的内容分享机制也进行了重大调整，拥有更好的跨平台引流能力。这些直播平台的分享机制，无疑是对微信分享限制的一种突破，此举对直播的跨平台引流起到了推动作用，这也是跨平台推广的方式。

接下来，分别介绍如何用公众号、QQ、软文、论坛、借势这些方式来为自己的直播进行引流。

7.3.1 公众号：内容直达用户粉丝

微信公众号从某一方面来说，就是个人、企业等主体进行信息发布并通过运营来提升知名度和品牌形象的平台。主播如果要选择一个用户基数大的平台来推广直播内容，且期待通过长期的内容积累构建自己的品牌，那么微信公众平台是一个不错的选择。

可以说公众号的本质是推广，基于此，在发展视频直播行业时直播平台和主播也可以通过它来推广直播节目。对那些自身有着众多用户和粉丝的直播平台和主播而言，做好公众号的运营是比较不错的直播内容推广方式。当然，对那些没有大量粉丝的主播而言，也可以选择这一方式吸粉和引流。

在进行公众号运营的过程中，需要注意3个方面，才能做到事半功倍，具体分析如下。

首先，在编撰内容和进行推广之前，需要做好公众号定位，明确微信公众号运营的目的，这是做好公众号的基础和关键。

其次，就是要创作出具有吸引力的内容。对平台和主播而言，赢得更多的用户关注和赢得用户更多的关注是其推广内容的两个根本目标，这些目标需要通过打造内容的各种形式来实现，具体有以下4点要求，如图7-25所示。

```
                        ┌─ 有内涵深度，能持续吸引受众的兴趣
         公众号内容形   │
                       ─┤── 符合用户的切身利益，紧密联系时事热点
         式打造的要求   │
                        ├─ 布局要有创意，描写具有画面感
                        │
                        └─ 在效果表现上要走心，插图清晰美观
```

图7-25　公众号内容形式打造的要求

最后，对用户来说，他们需要一些能够让人耳目一新的内容类型、形式和布局来增加他们的体验感，这样他们才意愿去点击阅读。从这个角度来看，微信公众号可以从3个方面加以提升，如图7-26所示。

```
                        ┌─ 在内容上加入各种活动，增加与受众的互动机会
         提升公众号用户 │
                       ─┤── 在菜单中加入商城、内容分类等更多便利的入口
         体验感的方法   │
                        └─ 提升和拓展内容的质量和范围，打造独有的特色
```

图7-26　提升公众号用户体验感的方法

举个例子，"手机摄影构图大全"是构图君创建的微信公众号，主打摄影领域的构图垂直领域，经过3年多的发展，不仅集聚了粉丝，更是在内容形式上有了更丰富的呈现，并逐渐发展到了直播领域。

与上面介绍的自建公众号推广直播内容和借助实力大号推广直播节目不同，"手机摄影构图大全"采用的是基于自身平台内容，与其他大号和电商平台合作进行推广，从而为直播的推广和发展贡献力量。

在"手机摄影构图大全"直播课程的推广和发展中，运营者综合了多方面的资源，可分为3类途径，下面进行详细介绍。

① 自身公众号推广。在推广直播内容时，运营者利用自身平台，进行直播信息的推送。更重要的是在公众号平台上，企业和主播还就已直播过的内容进行回顾和梳理，以便用户更好地理解和掌握。

② 与实力大号合作。"手机摄影构图大全"公众号是一步步成长起来的，其初建阶段就是尽可能地利用优质的内容进行引流。基于此，该公众号在进行

直播时，采用与摄影领域实力大号"玩转手机摄影"合作的方法来推出直播内容，开展了一场在千聊Live上的直播微课。

③ 对接电商平台。构图君不仅是"手机摄影构图大全"公众号的创建者，同时还是一个精于摄影领域的作家，著有几十本摄影构图畅销专著，这些书籍在京东商城上都有销售。基于这一点，"手机摄影构图大全"公众号对接京东，推出构图君京东直播课。

7.3.2　QQ：营销推广必争之地

作为最早的网络通信平台，QQ拥有强大的资源优势和底蕴，以及庞大的用户群体，是直播运营者必须巩固的引流阵地。

① QQ签名引流。我们可以自由编辑或修改"签名"的内容，在其中引导QQ好友关注直播账号。

② QQ头像和昵称引流。QQ头像和昵称是QQ号的首要流量入口，用户可以将其设置为直播账号的头像和昵称，增加直播账号的曝光率。

③ QQ空间引流。QQ空间是直播运营者可以充分利用起来的一个好地方，在QQ空间推广更有利于积攒人气，吸引更多人前来观看。下面就为大家具体介绍6种常见的QQ空间推广方法，如图7-27所示。

图7-27　在QQ空间的推广方法

④ QQ兴趣部落引流。QQ兴趣部落是一个基于兴趣的公开主题社区，能够帮助主播获得更加精准的流量。主播也可以关注QQ兴趣部落中的同行业达人，

多评论他们的热门帖子,可以在其中添加自己的相关信息,收集到更加精准的受众。

⑤ QQ群引流。QQ群是腾讯推出的一个多人聊天的网络互动公众平台,主播可以多创建和加入一些与直播号相关的QQ群,多与群友进行交流和互动,让他们对你产生信任感,此时发布直播作品来引流就水到渠成,如图7-28所示。

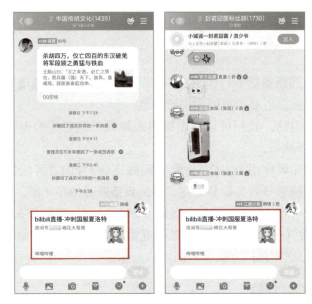

图7-28 在QQ群中分享直播

QQ群和微信群不同,微信群的成员上限一律是500人,而QQ群的群规模是有等级的,最小200人群,最高2000人群(不包括付费的3000人群),也就意味着如果将直播分享到那些群规模在500人以上的QQ群,将会被更多的QQ用户看到,在转化率相对稳定的情况下,推广的用户基数越大,所吸引的粉丝就越多。所以,要尽量多加一些群,以此来扩大自己的流量来源。

可以查找和直播类型、内容有关的QQ群,来吸引精准的粉丝用户。图7-29所示为手机QQ"找群"页面。

除了查找加入别的QQ群之外,主播也可以通过创建群来引流。不同的QQ号等级不同,所拥有的建群资格和创建数量也有所不同。图7-30所示为不同QQ账号等级所拥有的建群数量。

在创建QQ群为直播引流时,建议大家可以通过QQ群排名优化软件提升QQ群排名的方式来吸引流量,这种方式的引流效果非常明显,只要关键词设置得好,吸引过来的流量也比较精准。

图7-29 手机QQ"找群"页面

图7-30 建群资格页面

因为绝大部分QQ用户是根据搜索关键词来查找QQ群的,而QQ群排名优化软件的原理就是将目标用户搜索的关键词作为群名称进行优化设置,从而使QQ群的排名靠前,增加QQ群的曝光概率,这样就能吸引更多用户添加了。

说到QQ群排名,就不得不说一下QQ群排名的规则了,影响QQ群排名的因素主要有以下两点,具体内容如下。

① 群规模：大群排在小群的前面，人数越多排名越靠前。
② 群活跃：同样人数规模的群，活跃度越高权重也越高。

关于QQ群排名优化的软件有很多，大家可以自行在互联网上搜寻，不过需要注意的是小心被骗。在进行QQ群排名的优化时，我们要从以下几个方面对QQ群进行设置，如图7-31所示。

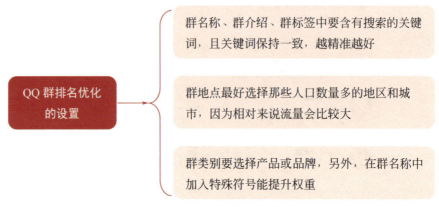

图7-31　QQ群排名优化的设置

我们不仅可以将自己的直播间分享给微信好友，同样也可以分享给QQ好友，如图7-32所示。

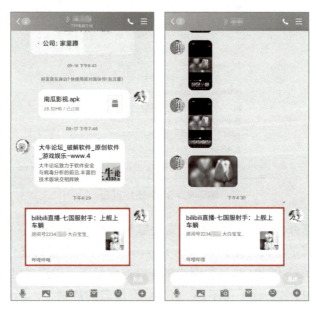

图7-32　分享直播给QQ好友

7.3.3 软文：引流成本低、效果大

软文推广对于各大营销行业来说都很实用。在直播营销中，软文推广也是不可缺少的，掌握软文推广技巧则是重中之重。

图7-33所示为"手机摄影构图大全"公众号通过发布文章为自己的京东直播课程引流的案例。

图7-33 通过发布软文引流

在通过软文推广直播时，需要掌握一定的软文推广技巧，下面就来介绍两种，具体内容如下。

（1）原创软文+关键词

原创是创造任何内容都需要的，软文直播推广更是少不了原创，原创能够吸引人们的兴趣。在直播营销推广中，关键词的选取是软文写作的核心。如何选取关键词也有相关的标准，如实用价值、略带争议、独特见解。

（2）热门网站+总结经验

当你有了优秀的软文推广内容，接下来就该找准平台发布软文，推广直播信息了。像一些人气高的网站往往就是软文发布的好去处，而且发布之后还可

在网站上与他人交换经验。

目前网上已经有了一些专业的软文发布平台，另外还可以将软文推广发布在博客论坛等平台，效果也还不错。当然，在网站上发布软文直播推广也有不少注意事项，总结为3点，如图7-34所示。

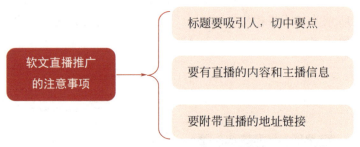

图7-34　软文直播推广的注意事项

不要以为发完直播推广软文就万事大吉了，总结经验也是相当重要的。比如用户喜欢哪一类软文、为什么有的软文没有达到预期效果、软文发布到哪个平台反响最好等。主播在工作中多多总结并积累经验，能够使得软文推广效果越来越好，有助于推广直播信息，从而吸引更多用户观看。

7.3.4　论坛：通过发帖吸引流量

论坛是为用户提供发帖回帖的平台，它属于互联网上的一种电子信息服务系统。在传统的互联网营销中，论坛社区始终是较为重要的一个推广宣传平台。一般情况下，早期的目标用户都是从论坛社区中找到的，再通过发掘、转化，提高用户的转化率，逐步打造品牌。

在论坛中进行直播推广，最重要的就是找准热门论坛，然后投放直播信息。比如搜狐社区、天涯社区、新浪论坛、百度贴吧、博客等都是当下热门论坛的代表。图7-35所示为天涯论坛官网。

在论坛投放直播信息的步骤为：首先，收录相关论坛；其次，在收集的论坛里注册账号；然后，撰写多篇包括直播推广内容的软文，保存好；最后，每天在这些热门论坛有选择性地发帖，做好相关记录，如果帖子沉了，用马甲号顶上。

如果想要让用户关注你的帖子，并注意到你所推广的直播信息，就要多与用户互动，这样关于直播的内容就会渐渐走入用户的视野，相应的直播也就得到了推广。

图 7-35　天涯论坛

7.3.5　借势：通过造势扩大影响

借势推广是抓住热点的一种推广方法，热点的传播速度就如同病毒蔓延一般，让人猝不及防。直播想要获得更多的浏览量，就需要借助热点事件的影响力。此外，"借势+手机通知栏推广"模式也是一种较好的直播推广方法，值得各大主播借鉴和应用。除了借势推广，造势推广也是主播需要学会的推广技巧，造势的意思就是如果没有热点事件可以借势，自己创造出热点事件，引起用户注意。

造势推广需要一个过程，首先在直播还没开始前就应该营造气氛，让用户知道这件事情，以便直播开始时有一定量的用户关注；其次是主题的确定，主播应该根据产品的特色来设计直播的主题；最后是通过透露消息来吸引用户，使用户心甘情愿地为直播买单。

直播造势推广的方法多种多样，最典型的就是众多大主播利用自身品牌、代言人等造势。因为其本身的存在就是一种势，在直播开始时，只要他有意营造氛围，那么自然就会夺人眼球。

第8章

粉丝运营：
沉淀用户，打造铁粉

> 粉丝是主播强大的支撑，因为有粉丝的捧场，主播才有了人气。主播不是把粉丝引流至直播间就完事了，还要学会和粉丝互动，沉淀粉丝，搭建专属自己的私域流量，以便后续更好地变现。本章就来教大家如何进行粉丝运营，将用户和观众培养成忠实铁粉。

8.1 运营：打造粉丝私域流量

在直播的时候，需要利用粉丝效益打造私域流量。本节将分4步来介绍粉丝运营的方法，帮助主播提高用户黏性。

8.1.1 私域：汇聚众多直播粉丝

这一小节要和大家分享一下未来商业的红利——私域流量池。为什么要分享这个内容呢？因为很多时候我们只是在做平台的运营，而没有把用户留下来。

这种做法有一个很大的弊端，比如开淘宝店，运营了一段时间之后，销量越来越高，但是突然有一天，店被封了，或者现在平台不给流量了，又或者是不花钱去买流量了，那以前积累起来的那些用户就都流失掉了。

私域流量池比较具有私密性，也就是说在你私域流量池里的流量是专属于你个人的，别人是不能轻易获取的。我们在打造私域流量池的时候，要注意以下几点。

第1点是私域流量池一定是生态化的，它要有价值点。价值点就是用户能从你这里得到什么价值。比如，笔者每天都会在朋友圈分享一些抖音视频的拍摄技巧、创意灵感、做什么样的内容才能火，这些内容对很多抖音运营者来说就是有价值的。

第2点是找到产品的核心卖点。不管是做哪种产品，都需要有产品卖点。比如，你现在来找我们学习，是因为我们的专业度，还是说我们的课程更加完善。只要你的产品核心卖点能够打动客户，就能实现快速成交，甚至还能直接让客户成为你的私有流量。

第3点是个人的魅力，个人魅力这一块很重要。比如，同样是做抖音培训的，有些人招学员的价格比你的还高，他为什么就招到了？而你的价格低却招不到。主要的原因可能是他的个人魅力能够吸引到学员。

我们一定要清楚个人魅力是什么，并借助个人的魅力实现引流变现。比如，你有某方面的兴趣爱好，这个时候跟你有同样兴趣爱好的人，就会被你吸引。

第4点是做好团队的管理。微信更适合团队的管理，你有微信群，可以随时沟通，什么都很方便。不光是员工的团队管理，还有顾客的管理，可以组建顾客的VIP社群，也可以做标签管理。

8.1.2　公域：获得更多曝光机会

除了利用私域流量获得精准粉丝之外，公域流量也不失为一个拉新的好方法，因为私域流量总归是有限的，但公域流量却能给主播和电商带来更多的曝光。

为了提升直播时商品转化的效率，优化用户观看直播的消费体验，也为了让主播的优质内容覆盖更多的流量场景，淘宝上线了"直播看点"功能，向所有商家主播和达人主播提供了更好的流量曝光机会。本节将给大家介绍利用"直播看点"进行直播的相关内容。

(1) 直播看点的功能

直播看点的功能有两方面,一是对主播而言,二是对消费者而言。

① 对直播而言:主播在直播的过程中,在讲解宝贝的卖点之前,需要在中控台上点击该宝贝的"标记看点"按钮。而淘宝会根据主播的打标,生成"直播看点"内容,这样一来,可提高宝贝下单成交的转化率。

② 对消费者而言:用户在观看直播的过程中,可以根据自己喜好自由切换至任意宝贝讲解的片段,用户点击该按钮,即可快速查看主播讲解该宝贝的直播内容,这在很大程度上提升了用户的观看体验感。

(2) 直播看点的好处

知道了直播看点是什么之后,给大家来分析一下使用直播看点有什么好处,如图8-1所示。

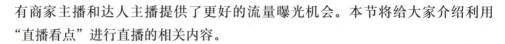

图8-1 使用直播看点的好处

8.1.3 转化:将用户转化为粉丝

私域流量更注重的是用户的转化,客户可能来自多个不同的平台,要做的就是把这些平台上的流量都引导到微信中,然后进行转化和维护。

当你在进行直播时,就会吸引新的用户点击观看,而你要做的就是尽可能地留住这些用户,将他们转化为你的粉丝。这些粉丝就是流量,流量越多,收益也就越多。主播要多与用户互动,增加信任和感情,可以从两个角度来吸引用户,一是三观和价值导向,二是人格魅力。

8.1.4 沉淀：粉丝的可持续变现

粉丝沉淀的实质是做好顾客的维护，因为我们都知道在直播平台上或者是淘宝上很难实现二次成交。顾客买了你的产品后，下次可能就不在你这里买了。但是如果把这些用户导入私域流量池，那么产品上新和模式更新等一切消息都会通知到位。

在私域流量池对用户进行转化，很容易促成二次交易甚至多次交易，这样就实现了粉丝的可持续变现，将粉丝经济效益最大化。

主播或运营者可以创建社群将粉丝拉进群中，通过日常的沟通，增加与粉丝的互动，从而有效地增强粉丝的黏性。如果对该主播的节目非常喜爱，粉丝就会留在群里，再加上该直播运营者也会经常发起活动与粉丝互动，因此粉丝自然就更愿意留下来。

8.2 巩固：实现粉丝持续经营

当拉新成功，主播积累了一定量的粉丝时，也就有了基础。这时要做的就是将吸引过来的用户转化为粉丝。接下来将从5个方面来详细分析如何加强粉丝的忠诚度。

8.2.1 吸睛：通过人设吸引粉丝

前文向大家详细介绍了如何确定人设，本节以快手平台为例，为大家介绍一下主播应怎样通过人设吸粉。许多快手用户之所以长期关注某个账号，就是因为该账号打造了一个吸睛的人设。因此，快手主播如果通过账号打造了一个让用户记得住的、足够吸睛的人设，那么便可以持续获得粉丝。

通常来说，快手主播可以通过两种方式打造账号人设吸粉。一种是直接将账号的人设放在账号简介中进行说明；另一种是围绕账号的人设发布相关视频，在强化账号人设的同时，借助该人设吸粉。图8-2所示为某快手主播发布的一条视频，该视频中，他戴着专属的头套，符合他一贯以来的人设定位。

图8-2 某快手主播发布的视频

8.2.2 个性：通过语言吸引粉丝

许多用户之所以会关注某个主播，主要是因为这个主播有着鲜明的个性。构成主播个性的因素有很多，个性化的语言便是其中之一。因此，快手主播可以通过个性化的语言来打造鲜明的形象，从而吸引粉丝的关注。

主播进行直播时主要由两个部分组成，即画面和声音。而具有个性的语言则可以让直播更具特色，同时也可以让整个直播对用户的吸引力更强。一些个性化的语言甚至可以成为主播的标志，让用户一看到该语言就会想起某主播，甚至在看某位主播的视频和直播时，会期待其标志性话语的出现。

例如，某主播在视频和直播时，经常会说"OMG！""买它买它！"，于是这两句话便成了他的标志性话语。再加上其粉丝量众多，影响力比较大，所以当其他人说这两句话时，许多人都会想到他。

正是因为如此，他在视频直播时，也开始用这两句话来吸睛。图8-3所示为他发布的两条快手视频的封面，可以看到上面赫然写着"OMG！"。而快手用户在看这两条视频时，看到他在说"OMG！""买它买它！"，会觉得非常有趣，进而关注其快手号，这便很好地达到了吸粉的目的。

图8-3 某主播发布的两条快手视频的封面

8.2.3 互关：有效增强粉丝黏性

如果用户喜欢某个账号发布的内容，就可能会关注，以方便日后查看。虽然关注只是用户表达对主播喜爱的一种方式，但大部分用户不会要求你进行互关。

如果用户关注了你之后，你也关注了他，那么他就会觉得自己得到了重视。在这种情况下，那些互关的快手粉丝就会更愿意持续关注你的账号，粉丝的黏性自然也就大大增强了。

8.2.4 挖掘：满足粉丝痛点

想要巩固粉丝，我们可以输出一些有价值的内容。在网络时代，文字的真实性越来越受到怀疑，而主打真实声音和视频直播的APP就开始流行起来。例如，喜马拉雅FM发展至今拥有数亿用户群体，其所依靠的就是真实的声音，利用声音作为内容载体为粉丝带来价值。

喜马拉雅FM的定位比较成功，它为用户提供了有声小说、相声评书、新闻、音乐、脱口秀、段子笑话、英语、儿歌儿童故事等多方面内容，满足了不同用户群体的需求。在APP的功能上，喜马拉雅FM也以真实性的声音为核心。图8-4所示为喜马拉雅FM的直播相关页面展示。

图8-4 喜马拉雅FM的直播相关页面

无论什么时候,主播的内容营销最重要的一点就是聚焦用户的痛点需求,即他们最关心的问题、他们的兴趣点和欲望,电商或主播可以从这些方面为他们带去更有价值的内容。

痛点是一个长期挖掘的过程,主播在寻找受众痛点的过程中,要注意以下3点事项,如图8-5所示。

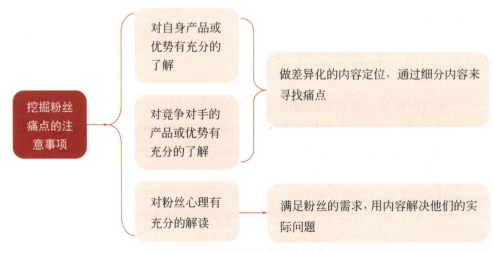

图8-5 挖掘粉丝痛点的注意事项

那么，在主播的内容营销中，受众的主要痛点有哪些呢？总结为以下5点，如图8-6所示。

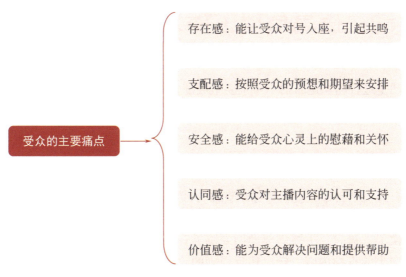

图8-6 受众的主要痛点

主播在创作内容的过程中，可以以这些痛点为标题，弥补用户在现实生活中的各种心理落差。

8.2.5 事件：将产品与热点结合

在直播营销中，既要抓住产品的特点，又要抓住当下的热点，这样两者相结合才能产生最佳的宣传效果，打造出传播广泛的直播。例如，在里约奥运会期间，各大商家紧紧抓住相关热点，再结合自家产品的特点进行了别具特色的直播。

一个家具专卖天猫旗舰店的直播紧密围绕"运动"这一热点来展开，其主题就是"家具运动会，全家总动员"。在直播中，主播通过聊奥运热点、趣味事件的方法与用户进行互动，同时始终围绕自家的家居产品，极力推销优势产品。比如，如何躺在舒适的沙发上观看奥运直播、怎样靠在椅子上聊奥运赛事等。

直播如果能够将产品特色与时下热点相结合，就能让用户既对你的直播全神贯注，又能被你的产品所吸引，从而产生购买的欲望。

8.3 互动：提高直播主播人气

互动是进行粉丝运营的一个主要组成部分，本节将从4个方面来阐述如何做好粉丝运营，提高直播间的人气。

8.3.1 规则：了解政策提升效果

所有直播平台都在提倡"绿色直播"，因此主播一定要关注各个平台的直播规范，与平台一起共同维护绿色、健康的网络生态环境。

在快手直播时，主播需要遵循《快手直播规范》中的相关规则，给观众带来健康向上的直播内容。针对违反规则的主播，平台会根据违规情况给予永久封禁直播或账号、停止当前直播、警告等不同程度的处罚，如图8-7所示。

严重违规行为（A类违规）

违反A类规定的用户，将永久封禁直播，乃至封禁账号，且快手平台有权冻结违规账户中未提现礼物收益。

严重违规行为是指涉政、涉黄、恶意违规等严重扰乱直播平台秩序的行为：

1.直播中展示传播淫秽色情内容，包括但不限于性行为、色情推广、漏点画面、挑逗性言行、带有性暗示的直播内容、违反公序良俗的行为；

2.直播中展示或销售管制物品，包括但不限于私藏枪支弹药、枪支部件、组装方法、仿真枪支；

3.直播中展示或销售毒品、违禁药品，或展示与之相关的任何行为，包括但不限于海洛因、大麻、吸毒工具、吸食注射、买卖交易；

4.直播中展示赌博或与涉赌相关的任何活动，包括但不限于非法赌牌、红包赌博、网络赌博网站、赌博游戏、赌博工具；

5.直播中展示危害自身或他人生命安全的行为或言论，包括但不限于自杀自残、割腕烧炭、跳楼跳河、自杀游戏等；

6.直播中发布有害信息，严重违反社区规定。

图8-7 《快手直播规范》的部分规则

要提倡文明、健康、正能量的直播环境，拒绝低俗、有伤风化的表演。在直播的时候，主播要以身作则，做好正面榜样。与此同时，平台也要加强监管，杜绝涉嫌违法犯罪的内容现象。

主播必须具备一定的职业素养和能力，符合平台要求。直播时要严格遵守相应的法律协议，例如：进行网络直播时需符合所在地法律的相关规定，不得以履行协议的名义从事其他违反中国及所在地法律规定的行为。图8-8所示为淘宝直播平台管理规则的部分内容。

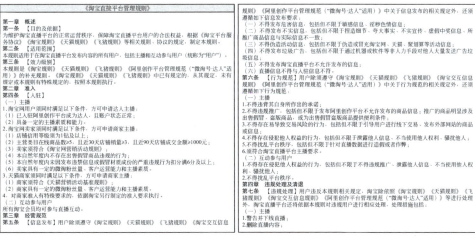

图8-8　淘宝直播平台管理规则

8.3.2　掌握：提高直播人气技巧

一些让主播在直播间人气暴涨的技巧，如图8-9所示。

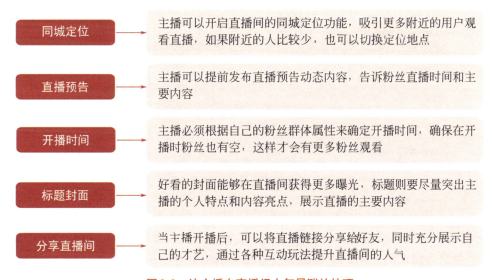

图8-9　让主播在直播间人气暴涨的技巧

8.3.3 分类：细化标签打造差异

细化用户标签主要体现在对用户进行分类，例如对用户进行分级。图 8-10 所示为用户分层的方式。

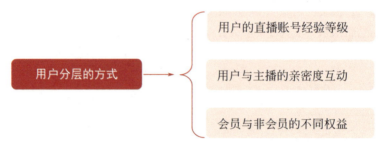

图 8-10　用户分层的方式

直播平台根据用户观看直播经验可以设置用户的经验等级，依照经验等级的高低设置不同的权限。图 8-11 所示为哔哩哔哩会员不同等级权限介绍。

特权与等级	Lv0	Lv1	Lv2	Lv3	Lv4	Lv5	Lv6
滚动弹幕	×	√	√	√	√	√	√
彩色弹幕	×	×	√	√	√	√	√
高级弹幕	×	×	√	√	√	√	√
顶部弹幕	×	×	×	√	√	√	√
底部弹幕	×	×	×	√	√	√	√
视频评论	×	×	√	√	√	√	√
视频投稿	×	√	√	√	√	√	√
购买邀请码	×	×	×	×	×	1个/月	2个/月

图 8-11　哔哩哔哩会员不同等级权限介绍

对于哔哩哔哩的用户，刚注册成功的时候，是不可以发送弹幕的，需要答题测试，通过后可成为 Lv1，但只能发送滚动弹幕。图 8-12 所示为哔哩哔哩前 3 个会员等级详情说明。平台也会设置相应的提升经验的方式，如图 8-13 所示，这是哔哩哔哩经验的增长方式。

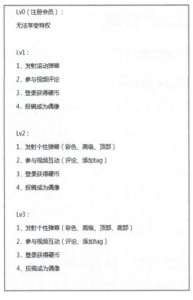

Lv0（注册会员）：

无法享受特权

Lv1：

1. 发射滚动弹幕
2. 参与视频评论
3. 登录获得硬币
4. 投稿成为偶像

Lv2：

1. 发射个性弹幕（彩色、高级、顶部）
2. 参与视频互动（评论、添加tag）
3. 登录获得硬币
4. 投稿成为偶像

Lv3：

1. 发射个性弹幕（彩色、高级、顶部、底部）
2. 参与视频互动（评论、添加tag）
3. 登录获得硬币
4. 投稿成为偶像

图8-12　会员等级详情说明

每日登录	获得5经验值
每日观看视频	获得5经验值
每日视频投币（上限50经验）	获得10经验值
自己的视频获得1硬币	获得1经验值
每日分享视频（手机客户端）	获得5经验值
第一次绑定邮箱	获得20经验值
第一次绑定手机	获得100经验值
第一次设置密保	获得30经验值
第一次实名认证（主站）	获得50经验值

（视频获得硬币时得到的经验奖励，会在下个月的月初进行结算。结算的周期是上个月的25日凌晨0点到本月25日24点——25日后获得的经验，将在下一个结算周期进行）

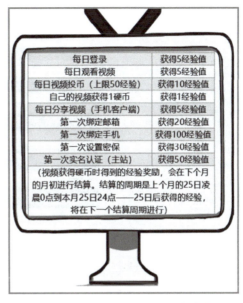

图8-13　哔哩哔哩经验的增长方式

用户与主播亲密的互动值也会设置相应的等级划分，如根据用户对主播进行的打赏数值进行守护等级设置。图8-14所示为虎牙平台主播守护等级说明。

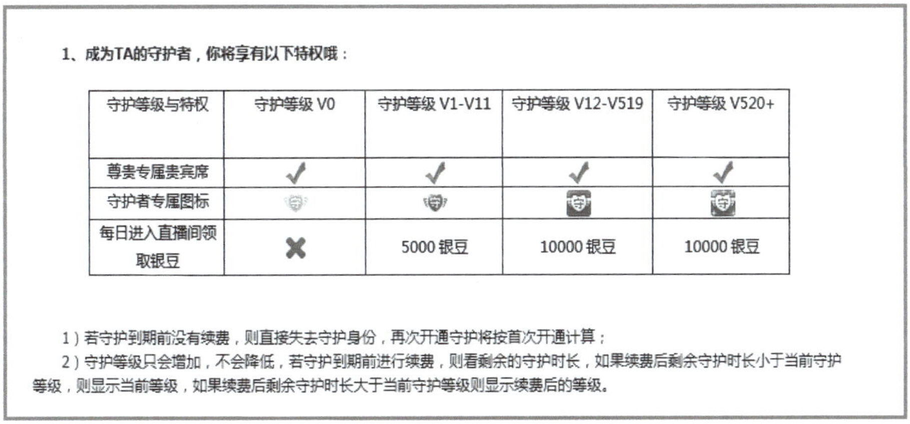

1、成为TA的守护者，你将享有以下特权哦：

守护等级与特权	守护等级 V0	守护等级 V1-V11	守护等级 V12-V519	守护等级 V520+
尊贵专属贵宾席	✓	✓	✓	✓
守护者专属图标	守	守	守	守
每日进入直播间领取银豆	✗	5000 银豆	10000 银豆	10000 银豆

1）若守护到期前没有续费，则直接失去守护身份，再次开通守护将按首次开通计算；

2）守护等级只会增加，不会降低，若守护到期前进行续费，则看剩余的守护时长，如果续费后剩余守护时长小于当前守护等级，则显示当前等级，如果续费后剩余守护时长大于当前守护等级则显示续费后的等级。

图8-14　虎牙平台主播守护等级说明

当等级达到V12之后，进入直播间可以设置横幅展示，如图8-15所示。

图8-15 虎牙平台守护等级V12以上进入直播间的横幅展示

用户还可以通过会员充值,享受不同的观看特权,例如哔哩哔哩,可以充值大会员,成为大会员后可享有四个特权。图8-16所示为哔哩哔哩大会员的内容特权和装扮特权。图8-17所示为大会员的身份特权和试听特权。

图8-16 内容特权和装扮特权

在会员购中可以查看你所在地区的相关信息,内容类型主要包括演出、展览、本地生活,可以购买一些周边手办或者动漫展览的门票。图8-18所示为哔哩哔哩会员购页面。

图8-17 身份特权和试听特权

图8-18 哔哩哔哩会员购页面

平台依照不同规则对用户进行细化分类，用户也可以根据不同需求选择自己的权限，这样细化的用户标签有利于主播的用户运营和打造差异化的内容，同时也可以增加用户的黏性，满足不同的用户需求，对用户进行个性化推荐。

8.3.4 推荐：以人为中心的服务

对用户进行个性化推荐，除了根据不同的用户标签进行推荐以外，还可以按照用户的浏览记录、收藏内容等进行大数据分析,进而满足用户更深层次的需求。以电商平台为例,例如淘宝APP界面中"你可能还喜欢"模块,如图8-19所示。

图8-19　淘宝"你可能还喜欢"模块

还有京东平台的"精选"模块,如图8-20所示。

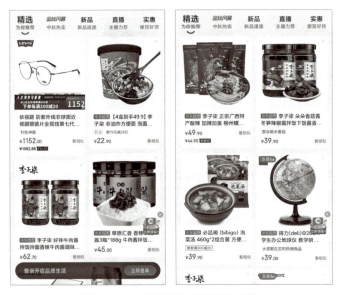

图8-20　京东平台的"精选"模块

在新型的电商关系中，店铺从原有的"等待用户进店选购"模式改变为"主动寻求用户"模式，这些都体现了"以人为中心"的服务方式。除了个性化推荐以外，商家还采取"线上+线下"共同经营的模式，线上还可以将广告投放于与店铺产品相关的场景中，挖掘用户的潜在需求，实现场景营销，提高产品的购买率，在一定程度上也节约了店铺的经营成本。

随着商品的增加，用户购买商品的方式也发生了改变，原本的购买需要按照目录进行检索，现在只需要查询关键词即可，这也是人、货、场关系的改变。同时，以抖音平台为例，可以将产品与直播进行结合，让用户在场景中进行购买，用户只需点击下方链接即可，如图8-21所示。

图8-21　抖音平台直播场景购买

第9章

推广运营：
快速提升产品人气

> 直播具有即时性、互动性等特点，对主播或企业积累人气、推广品牌等有很大的作用，因此了解直播营销的知识技巧相当重要。本章将为大家介绍直播营销相关的内容，比如营销步骤、营销类型、营销模式以及方式、技巧等。

9.1 过程：图解直播营销步骤

直播集合了网络化、视觉化和可交互3大特点，是连接目标群体有效且流行的方式。而营销的目的就是挖掘直播的价值，从而实现变现。那么直播营销从准备到实施，需要经过哪些步骤呢？在了解营销技巧前，先总结并细化直播营销的5个步骤，如图9-1所示。

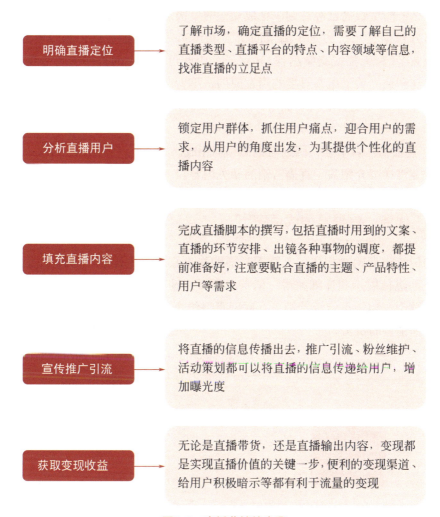

图9-1 直播营销的步骤

9.2 基础：了解直播营销内容

在2019年的淘宝双11活动中，淘宝直播带动成交接近200亿元。2020年初，电商直播也拯救了无数中小实体企业。电商直播真的这么赚钱吗？未来的趋势又是什么？淘宝直播已经达到千亿成交额的量级，是否还有继续增长的空间？

官方数据显示，2018年淘宝创造了近1000亿元的销售额；2019年的"618购物狂欢节"，天猫成交额达到130亿元。由此可见，电商直播的确是迎来了爆发期和红利期。关于电商直播的爆发原因，笔者总结为以下3点。

① 直播购物更直观，增加用户的购买欲望；

② 直播零距离互动，促进用户消费的频率；

③ 直播信任背书强，网红与直播相辅相成。

本节将详细介绍关于直播营销的相关内容。

9.2.1 优势：直播营销优点突出

和传统电商购物相比，互联网直播购物更直观、更详细。通过主播在直播间对产品进行展示和详细解说，消费者可以快速、全面地了解产品，从而增加购买的欲望。相较于传统营销，互联网直播给企业带来了新的机会。如图9-2所示为直播销售的优势。

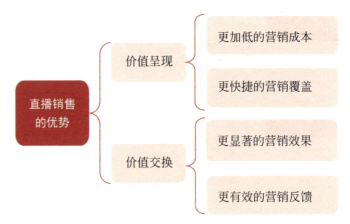

图9-2　直播销售的优势

借助直播，企业可以在上述呈现产品价值的环节支付更低的营销成本。直播营销对场地、物料等需求较少，是目前成本较低的营销形式之一。从以下3个方面具体分析。

（1）更快捷的营销覆盖

直播营销将主播试吃、试穿、试玩、试用等过程直观地展示在观众面前，更快捷地将用户带入营销所需场景中。

（2）更显著的营销效果

消费者在购买商品时易受环境影响，通过群体效应或者观察产品试用效果而直接下单。因此，在设计直播营销时，企业可以重点策划主播台词、优惠福利、促销活动，同时反复测试与优化在线下单页面，以收获更好的营销效果。

（3）更有效的营销反馈

直播的高互动性促使主播将直播内容呈现给用户的同时，用户也可以通过弹幕的形式分享体验。因此，企业借助直播可以收到已购买过产品的消费者的使用反馈；通过现场观众的观看反馈，以便下一次直播营销时进行改进，从而达到更好的直播效果。

虽然直播营销还处在摸索阶段，但直播的互动性营销优势已经成为共识。一般而言，大家的直播互动方式主要为打赏、发弹幕、送礼物。接下来，围绕直播的实时互动性，介绍主播利用直播营销优势的一些具体方法。

① 增强用户参与，发挥交互优势。直播营销过程中，如果主播一直在介绍产品，用户肯定会觉得枯燥无味，而离开直播间，甚至取消对主播的关注。这时就应该大力发挥直播平台本身的交互优势，及时与用户互动，这样才会带动用户的参与，增强用户的积极性。

比如，有一场主题为"懒人必备自加热小火锅"的美食直播。在直播中，用户可以提出对产品的各种疑问，然后主播对其进行解答。比如"小龙虾优惠多少"。除此之外，如果用户觉得主播的产品很好，还会推荐给其他人。

用户在直播中获得了自己想知道的信息，大大增强了参与感，已经不能和单纯的观看直播相提并论，这也使得直播营销的业绩不断提升。

② 加强品牌黏性，懂得倾听需求。加强企业品牌黏性也是直播的营销优势之一，而加强企业品牌黏性又需要根据用户的需求来进行直播。

新人主播需要向那些人气高的主播学习直播的技巧，他们之所以得到众多用户的喜爱和追捧，就在于他们懂得倾听用户的心声，并实时根据用户的需求来直播。那么要怎样倾听用户的需求呢？总结为3点，即把握用户心理；及时做出反馈；对直播进行调整。

③ 应用从众心理，结伴相继购买。在直播营销中，不仅有主播与用户的互动，也有用户与用户之间的互动。比如，用弹幕进行交流。

用户在进行交流的同时会产生一种从众心理，从而提高购买率。因此在直播时，直播的界面上时不时弹出"某某正在去买"的字眼，如图9-3所示。其目的就在于利用用户的从众心理，吸引他们去购买产品。

图9-3 直播界面的"某某正在去买"

9.2.2 竞争：增强竞争力的方法

了解了直播营销的优势，主播应该怎么做才能成为一个具有持续竞争力的电商主播呢？

（1）从货品到内容的转变

以淘宝平台为例，在淘宝直播的发展初期，入驻平台的主播较少，但因有淘宝巨额流量的扶持，吸引流量并不难。消费者往往会因为新鲜感而尝试，因此在初期发展这一时间段，曝光量约等于销量。

随着越来越多的人参与到直播中来，竞争越来越激烈，主播开始比拼性价比，利用优惠券和折扣吸引用户。由于商品始终会有成本价格，各大主播给出的折扣区别不会太大，因此从未来的趋势上看，只依靠性价比未必会有优势。

主播除了掌控供应链之外，还需要在内容上下功夫。也就是说，光靠推荐商品已不足以吸引用户，主播还需要对产品本身讲述相关故事，善于包装。换言之，直播带货会越来越娱乐化，成为一场"表演秀"。

（2）建立良好社交电商关系

当需求大于供应时，出现了"人找商品"的局面；当供应大于需求时，商品的选择变多，则出现了"商品找人"的现象。但不管是"人找商品"还是"商品找人"，始终都属于"人与商品"的范畴。

主播如果想要具备持久的竞争力，必然要建立并维护"人与人"之间的关系。就好比线下实体门店，同一门店的不同导购员，业绩往往不一样，擅长与人沟通的导购的业绩往往会更好。线上营销的道理也是如此，即使不像线下一样面对面与人交流，主播也需要和用户建立起相互信任的关系。

（3）以粉丝利益为核心基础

对于主播来说，一定要把粉丝的利益放在第一位，否则就可能出现直播间"翻车"的情况。当你销售的商品出现质量问题、安全问题，或是远高出其他渠道的价格时，粉丝下次就不会在你的直播间购买商品，还会取消关注。

要知道，人设一旦被毁，再次塑造就很困难了。因此，主播在营销过程中一定要以粉丝的利益为核心，这样才能持续发展。

9.2.3 结合：呈现产品实体组成

利用直播进行营销，最重要的是要把产品销售出去，因此在直播过程中要处理好产品与直播内容的关系，巧妙地在直播的过程中结合产品主题。其意在全面呈现产品实体以及鲜明地呈现产品组成，最终为实现营销做准备。那么，具体应该怎样做呢？

（1）产品实体的呈现

要想让受众接受某产品并购买，首先应该让他们全面了解产品，包括产品的外观和内部组成。因此，在直播过程中，主播需要把产品放在旁边，或是边讲解边给受众展示，让受众能直观清晰地看到产品。例如，如果是一期关于推广书的直播，在直播过程中，主播可以借助翻动书本的动作把其封面和目录展现出来，或直接利用相关话题向受众推荐此书。

另一方面，主播需要在直播中植入产品主题内容，或是把产品的特点展示出来。另外，为了更快地营销，一般还会在直播的屏幕上对其产品列表、价格和链接进行标注，或是直接展示购物车图标，以方便受众购买。

（2）产品组成的呈现

直播销售不同于实体店，受众要产生购买的欲望，应该有一个逐渐增加信任的过程。而鲜明地呈现产品组成，既可以更加全面地了解产品，又能让受众在此基础上对主播产生信任感，从而放心购买。

关于呈现产品组成，可以是产品的材料成分构成展示，如菜肴的食材、化妆品的组成成分等。

9.2.4　展示：突出产品使用效果

一般来说，用户购买某一产品，首先考虑的是产品能给他们带来什么样的帮助和作用，也就是产品能对用户产生什么影响。假如某一产品在直播过程中所突出体现的功能让用户感到对自己帮助很大，就能打动用户，并激发其购买欲望，实现营销目的。

而在突出产品亮点和功能作用这个问题上，直播营销主要是从两个方面来实现的，一是利用视频文案来呈现产品优势，二是直接展示产品的使用效果，下面分别详细地讲解。

（1）利用视频文案呈现产品优势

视频文案，顾名思义就是通过视频加文案的形式来向消费者介绍产品，这是目前常见的产品营销形式之一，如图9-4所示。

图9-4　视频文案

（2）直接展示产品效果

在直播中直接向观众展示产品的使用效果比产品的视频展示和文字介绍更加具有真实性和说服力。因为视频和文字可以造假，而直播是实时的，带给观众的视觉体验感有所不同。

9.3 类型：网络直播营销种类

随着互联网营销的需求不断提升，各种互联网平台都成为网络营销的重要渠道，其中形式多样的网络直播平台更是备受青睐。

网络直播平台对网络营销来说，无疑是具有很大促进意义的。本节将通过具体的直播方式以及直播平台的介绍，使大家了解网络直播中的营销类型。

网络直播的主要类型有：信息披露直播、品牌宣传直播、理财专家直播、网红代言直播、客服沟通直播、娱乐活动直播、淘宝店铺直播、线上线下整合直播等具体玩法，接下来来逐一进行介绍。

（1）信息披露型

信息的传播越来越快捷、便利，人们对信息的及时性要求也越来越严苛，报纸、杂志等传播渠道开始显得落后，网络直播这种既能及时披露又能直观显现信息的方式，成为信息传播领域的热门新宠。

信息披露类直播最具代表的是对各种体育赛事如足球、篮球等的直播，此类直播能及时在线传播比赛最新信息，弥补广大球迷不能去现场观看比赛的遗憾，因此很受观众的欢迎。

（2）品牌宣传型

互联网时代的企业品牌宣传，已经成为企业营销不可缺少的组成部分，而直播式的品牌宣传活动，已经渐渐地成为企业宣传的主流，互联网企业应该顺应这种主流来树立自己的品牌。

例如，华为、小米、OPPO、vivo等手机品牌的新品发布会就是很好地利用了直播这种形式，进行品牌和产品的宣传推广。图9-5所示为某手机品牌16s Pro

机型的新品直播发布会。

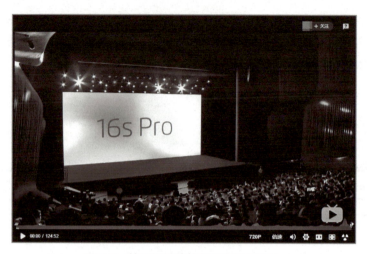

图9-5　某手机品牌的新品直播发布会

（3）理财专家型

财务自由是每个人都关心的事情，与之对应的理财专家的直播则是广受欢迎的直播类型之一。

例如，某抖音号是专门分享理财投资知识的，他的口号就是"理财就是理生活"，除了发布短视频作品之外，也经常进行直播分享，如图9-6所示。

图9-6　理财类的直播

（4）网红代言型

如今，普通网店那种简单的商品罗列已经很难打动消费者，因为消费者看不到他们想要的东西，网红代言成为新的热门趋势。例如，某著名网红是英雄联盟知名玩家、YY知名解说主播，目前是虎牙直播签约主播。

他早期便在直播平台积累了超过100万的订阅量，LOL游戏解说为他带来了大量高黏性的粉丝。随后，他将这些粉丝引流到淘宝店铺，他的淘宝店每个月的收入超过10万元。在视频直播中获得粉丝后，他转型淘宝开店为自己代言，通过网络营销的方式实现粉丝变现。

（5）客服沟通型

客服沟通直播通过直接视频展现的方式，使用户对于企业服务更为了解，从而拉近企业与用户之间的距离。例如，中国移动微博推出客服直播对话服务，使用户既能闻其声，还能见其人，为客户提供了更为真实、形象的服务。

（6）娱乐活动型

移动互联时代，一切都往娱乐化方向发展，通过展开直播相关的娱乐活动，能促进企业影响力的提高，娱乐活动的直播成为新的直播热点。而且，不只是局限于公司企业，明星、网红，甚至普通人，也可以通过展开娱乐活动的直播来为自己积累人气。这也正是直播活动的魅力所在，对于品牌的推广有很大的借鉴意义。

直播是拉近品牌与粉丝距离的重要途径，通过直播互动能使粉丝更加熟悉、了解品牌，这对品牌的营销具有非常重要的意义。

（7）淘宝店铺型

在淘宝这个时尚媒体开放平台，聚集了一大批以淘女郎为代表的电商红人。她们向粉丝销售的已经不仅仅是产品本身，更多的是一种生活方式和体验，其营销模式是与粉丝长期的互动中演化而来的。

很多消费者喜欢在网红店铺购物，觉得她们搭配的衣服好看，希望穿出和她们一样的效果。例如，某明星从一个演员成功转型为拥有5颗皇冠的淘宝卖家，图9-7所示为其店铺直播。

（8）线上线下整合型

互联网营销方式不仅局限于线上营销，线上向线下的相互延伸和整合已经成为一种新的潮流，线下线上整合直播能促进品牌推广。

图9-7 淘宝店铺直播

例如，某著名脱口秀主持人，因为主持线上节目《罗辑思维》成为名人。而除了线上的节目，他还积极展开线下的跨年演讲活动，通过每年一次的演讲活动拉近与粉丝之间的距离。

方式：直播营销6种玩法

对于企业来说，想要在直播的过程中吸引网友前来观看，前期的宣传是必不可少的。而企业在前期宣传时最关键的一步即设计最吸引观众的直播看点。那么什么是直播看点呢？即在前期的宣传中设计一个能够吸引用户关注的亮点，这与一个好的标题够吸引读者点击阅读是一样的道理。

总结了6种可以达到直播营销目的的方式，即高颜值、才艺、明星热点、利他思维、饥饿营销和对比。企业在进行直播策划时，可以根据自身情况以及需求，选择其中一种或几种营销方式。

9.4.1 外观：颜值即生产力

当要在两款除了外观，其他方面都差不多的产品中进行选择时，相信大部分人都会选择外观更漂亮的那一个，在直播中也是如此，"颜值就是生产力"这一说法已经被越来越多的人认可，且已多次得到验证。

高颜值的主播更容易吸引用户观看、关注和打赏，主播的粉丝越多，人气越高，曝光量就越大。由此可见，选择高颜值的帅哥和美女进行直播，对企业的宣传营销，可以起到事半功倍的效果。

9.4.2 才艺：通过表演吸引眼球

在直播中进行才艺表演是很受欢迎的一种形式。不管主播是否有名气，只要有过硬的才艺，就能吸引大量粉丝观看，例如歌舞、脱口秀、乐器演奏等，都可以在直播中获取该领域的忠实粉丝。

那么企业应如何利用才艺直播进行营销呢？才艺营销可以围绕其表演所用的产品。比如，吉他演奏需要使用吉他，那么销售乐器的企业则可以与有这类才艺的主播进行合作；再如舞蹈类主播的穿搭通常是很受粉丝关注的，销售服装的企业就可以与舞蹈类主播进行合作；除此之外，各艺术类培训机构也可以通过才艺直播的方式吸引学员加入。

9.4.3 明星：自带影响力和流量

明星的一举一动都会受到大众的关注，并且明星粉丝的数量是非常多的，忠诚度和粉丝黏性也相对更高。由于其影响力比普通主播或网红更大，因此当明星出现在直播间时，场面会更加火爆，对企业营销的效果也会更好。但企业在选择这一方式进行营销时，应提前做好预算，并选择与企业产品贴合度最高的明星合作。

9.4.4 利他：分享知识方法和技巧

什么是利他行为？简单说就是一种为他人着想的行为。在直播中，企业如果运用好这种思维，会在很大程度上获得用户的好感度。那么具体应该怎么做呢？在直播中，常见的利他行为有知识分享与传播。比如向用户分享生活技能、专业知识、产品的使用方法等。

这种营销方式可以用于美妆类和知识类的直播，在为用户推荐产品的同时，不仅增加了产品的曝光度，还让粉丝学会了适合自己的化妆技巧。图9-8所示为绘画知识分享的直播。

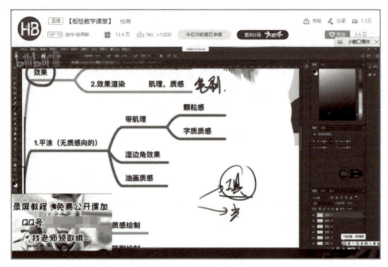

图9-8 绘画知识分享的直播

9.4.5 限定：饥饿营销制造紧迫感

"饥饿营销"是指企业或商家有意降低商品产量，以达到控制供求关系的目的，制造出供不应求的假象，进而维护企业形象和维持产品售价和利润的一种营销策略。相信大部分人都对"饥饿营销"这个词语有所耳闻。比如各种限量发售的名牌球鞋、限定大牌口红，一经发售往往会出现秒空的盛况。这种适用于品牌销售的营销方式在直播营销中也同样适用。

饥饿营销的第一步就是利用人们"物以稀为贵"的心理制造稀缺感。往往机会越难得、价值越高的产品，吸引力就越大。那么在直播营销中，主播们应该怎么做，才能体现出这种稀缺感呢？下面做出一种假设：

当一件商品的库存为500件，观看直播的人数为1000人时，A主播宣布秒杀时间为10分钟，并告诉粉丝库存为500件；而B主播只给粉丝5分钟时间进行秒杀，告诉粉丝只有100件库存。

试问哪位主播的营销效果会更好呢？肯定是B主播。因为产品进行限量供应，可以提高消费者为对产品的价值感知，有一种"买到就是赚到"错过就没有了的感觉。

饥饿营销这种营销策略能够促使消费者马上下单，那些知名品牌的电子产品通常采用的就是这种营销方式。例如，某品牌手机可谓是深得饥饿营销的精髓，每次在进行新品预售时，都故意只备少量的货，导致产品往往在几分钟之内就被一抢而空，没有抢到新品的用户就只能"望洋兴叹"。这种营销手段也招致一部分用户的不满。

图9-9所示为其官网某手机产品的缺货页面。

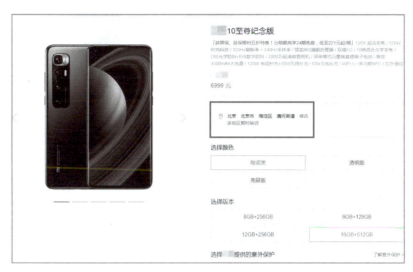

图9-9　商品缺货页面

该手机品牌通过"饥饿营销"手段大大提高了手机的销量，创造了不少的营业收入，提高了品牌的粉丝黏性。

饥饿营销这种方式往往会受到商家的追捧，利用稀有内容可以提升直播间的人气，无论是对主播还是企业来说，都能增加曝光的机会。

9.4.6　参照：通过对比显出差异

买家在购买商品时都喜欢货比三家，最后选择性价比更高的商品。但很多时候，消费者会因为不够专业而无法辨认产品的优劣。这时候主播需要通过与竞品进行对比，从专业的角度向买家展示差异化，以增强产品的说服力以及优势。

消费者在对产品建立认知或进行价值判断的时候，如果商家或企业没有提供同类产品的对比，那么他会根据以往的经验和认知进行对比，其结果自然不受你的控制，但如果你提供了产品对比图或同类型的参照物，他就会基于眼前的参照物进行对比,从而达到预期的效果。

用参照物进行对比的营销手段经常被各大商家、企业用来突出自家产品的优势和亮点。

例如为消费者提供同类产品不同型号款式的参考选择,如图9-10所示。

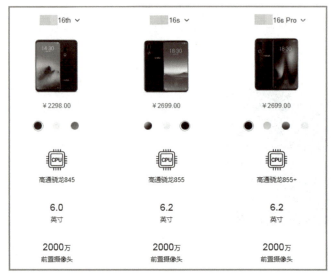

图9-10　同类产品不同型号款式对比

还可以突出产品的优惠价格和市场原价之间的差距,如图9-11所示。或突出产品使用前后的效果差异。

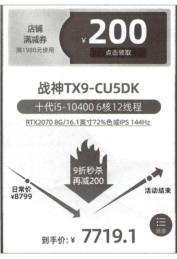

图9-11　产品价格优惠对比

好的参照物能让消费者快速建立对产品的认知，不断强化想突出的关键信息，最终达到预期的效果。对比是人们与生俱来的本能，能让我们更快地做出决策，而参照物起到至关重要的作用。所以，合理地运用参照物进行对比能让直播营销效果大大提升。

例如，某主播在测评手机时，经常会用苹果手机作为参照标杆，来评测手机性能。无论是企业进行营销，还是主播在直播间卖货，都可以灵活运用对比这一营销方式，会获得意想不到的收获。

9.5 模式：对直播营销的探索

要想实现直播营销的目的，还需要探索各种热门实用的模式。没有模式的创新，就无法达到更好的营销效果。本节将向大家介绍几种有效的营销模式。

9.5.1 教育：通过公开课来吸引

随着直播行业的火热和不断发展，如今已经延伸到了教育领域，直播的发展和网络技术的进步使得在线教育成为未来教育的趋势。与传统教育相比，在线教育具有以下几大优势，如图9-12所示。

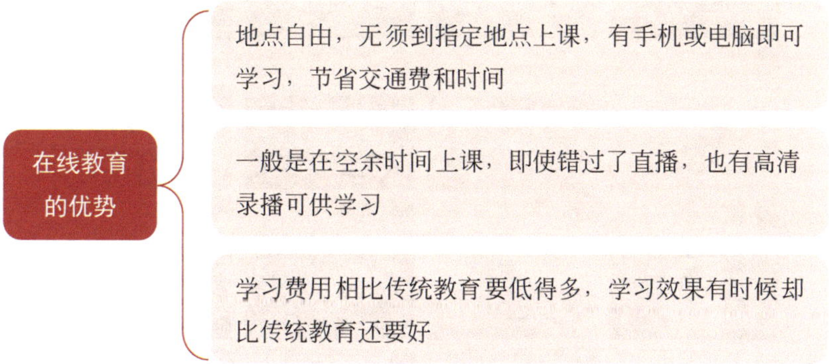

在线教育的优势：
- 地点自由，无须到指定地点上课，有手机或电脑即可学习，节省交通费和时间
- 一般是在空余时间上课，即使错过了直播，也有高清录播可供学习
- 学习费用相比传统教育要低得多，学习效果有时候却比传统教育还要好

图9-12 在线教育的优势

正因为在线教育有诸多优势，所以各大企业纷纷布局在线教育发展战略，比如腾讯推出了腾讯课堂，阿里推出了淘宝教育，百度推出了百度传课，网易有网易云课堂等。以腾讯课堂为例，许多教育机构就是通过开设直播公开课来实现营销的，如图9-13所示。

图9-13　腾讯课堂的直播公开课

不仅如此，就连以二次元文化内容为主的B站也专门设立了学习直播分区，可见在线教育模式的火热，如图9-14所示。

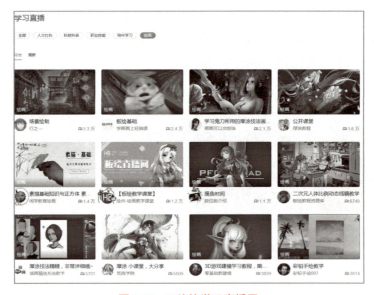

图9-14　B站的学习直播区

9.5.2 素人：普通人的直播方式

"素人直播"就是普通人的直播，与明星、网红、名人不同，"素人"是未经任何包装的、没有社会地位和影响力的普通民众。素人直播的兴起主要得力于映客直播，作为一款致力于让人人都能直播的社交软件，映客将"素人直播"推向了发展的顶端。

"素人直播"的内容多以日常生活为主，如吃饭、上班、养花、逗狗等，这样的直播方式虽然看似单调无趣，但实际上却解决了很多用户的孤独问题。直播门槛低，并且能引起很多人的情感共鸣，从而推动营销的实现。

当然，直播平台也要对"素人直播"实行严格的监管，以避免出现一些违反规章制度的直播内容，影响整个网络环境。

9.5.3 垂直：从娱乐化到专业化

直播从泛娱乐模式到垂直领域模式的发展，展示了其从娱乐化到专业化的转变。随着直播的不断发展，用户也渐渐对直播内容提高了要求，越来越偏向于专业化。

垂直领域直播对主播的专业知识有着更高的要求，这刚好契合了用户的需求。而垂直领域之所以迈进直播平台，其原因有直播的娱乐性、直播的视觉直观性和直播的即时互动性。

同时，对于垂直领域来说，网络直播与垂直领域的结合有利于垂直领域突破瓶颈，找到新的发展机遇；对于网络直播来说，垂直领域的专业性提高了这一领域直播的门槛，减少了竞争。

9.6 推广：直播营销技巧方法

在进行直播之前，主播要做好直播营销的方案，这样才能按部就班、循序渐进地执行直播的宣传推广工作。本节主要讲述直播营销的方案、宣传引流的方法等，以提升主播的人气和影响力。

9.6.1 要素：营销方案的5大要点

主播需要弄清楚直播营销方案的必备要素有哪些，这样才能做好方案内容的整体规划。一般来说，直播的营销方案主要有5大要点，其具体内容如下。

（1）直播营销目的

直播营销的方案内容要具备的第一个要素就是确定好营销的目的，主播需要告诉参与直播营销的工作人员，直播的营销目的是什么。比如，通过直播要完成产品销售的业绩目标、宣传产品的品牌口碑等。

例如中秋节和国庆节将至，某电脑品牌为了提高新品预售的销量和扩大产品品牌的口碑影响力，在淘宝直播平台进行产品营销，如图9-15所示。

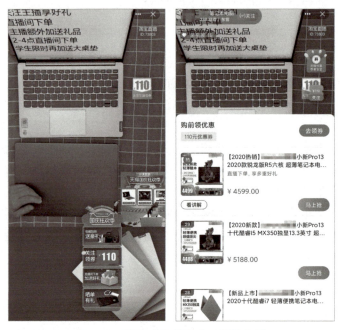

图9-15　某电脑品牌的产品营销直播

（2）营销内容简介

直播营销方案需要对直播营销的主要内容进行概括，包括直播营销的主题、直播营销的形式、直播营销的平台等。

例如，2020年6月1日，某手机品牌举行X50系列手机5G新品发布会的直播，主题为"微云台，稳稳拍"。图9-16所示，为淘宝直播平台上关于X50手机新品预约详情。

图9-16　X50手机新品预约详情

（3）营销人员分工

直播营销方案需要分配好直播营销工作人员，比如渠道的寻找、内容的制作、推广的执行等。只有落实好人员安排，才能确保直播营销的顺利进行和圆满成功，也才有可能取得预期的营销效果。

（4）把控时间节点

在直播营销的推广过程中，要规划好时间节点，一般而言，时间节点包括两部分，一个是直播的整体时间节点，包括直播的开始时间和结束时间等；另一个是直播营销的每个步骤环节的时间节点。直播营销的时间规划有利于保证直播营销工作的按时进行，减少主观因素导致的工作延期。

（5）控制成本预算

在直播的营销方案中，要估算好直播营销活动的成本，以及可以承受的预算，只有弄清楚这些问题，才能评估直播的营销效果和后期带来的收益。如果在实际执行的过程中出现了预算超支的情况，就要通知相关人员进行调整和调查，以确保直播营销能实现利益的最大化。

9.6.2　规划：执行直播营销方案

主播要想确保直播营销方案的落实和执行，就需要参与直播营销的各工作人员对工作内容胸有成竹。直播营销方案的执行规划主要有以下3个方面，如图9-17所示。

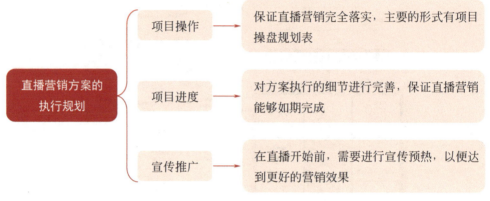

图9-17　直播营销方案的执行规划

9.6.3　引流：直播宣传的5种方法

关于直播营销的宣传和推广，总结了以下几种常见的引流方法，具体内容如下。

（1）硬性广告宣传

硬性广告即硬广告，是最常见的广告营销手段，它是指直接介绍商品以及服务内容的传统广告形式。像电视广告、广告牌、杂志广告等都属于硬广告。硬广告是以强制的手段强迫受众接受，使得绝大多数人很反感，特别是网络上打开网页时自动弹出的广告。虽然硬广告具有传播速度快等优点，但是其缺点更加明显，有以下几点。

① 费用昂贵，广告投入的成本高。
② 数量过多且滥，同质化很严重。
③ 渗透力比较弱，时效性差。

在采用硬广告的引流手段进行直播营销时，要注意尽量避开硬广告的缺点，发挥其优势，这样才能取得期望的效果。

（2）软文推广引流

软文推广就是通过间接的方式来进行广告营销，让消费者虽然看得出是在打广告，但比较容易接受。相对于硬性广告而言，软文推广的渗透力和时效性较强，成本较低。软文推广也略有不足，那就是传播速度和见效比较慢。

现如今，在各大企业和商家的营销推广方式中，软文推广越来越流行和受欢迎，所以在进行直播营销时，利用软文推广能获得不错的宣传效果。

（3）视频引流

相较于文字、图片的宣传推广方式，视频引流的传播效果更好，因为视频更加直观明了、生动形象，易于被受众所理解。

在现在这个快节奏时代，受众已经不太愿意也不太可能花很多时间来了解你所写的内容，所以越来越多的营销人员开始利用视频进行推广和引流，尤其是近几年来，抖音、快手、B站等短视频社交平台的火热更是证明了这一点。

例如，B站某UP主利用自己在平台上投稿的短视频来进行引流，只要点击"UP主推荐广告"即可跳转到相应的页面，如图9-18所示。

图9-18　视频引流

（4）直播平台引流

在各大直播平台上，一般都会有"推送"或"提醒"的功能设置，在正式开始直播之前，可以将开播的消息直接发送给关注主播的粉丝。这样做既能在直播平台进行预热，提高直播间的人气，吸引更多关注；又能利用这段时间做好直播的各种准备工作，如直播硬件设备的调试，以便达到直播的最佳状态。

以京东直播平台为例，受众可以在主播直播的预告页面点击"提醒我"按钮，即可设置提醒，平台会在直播即将开始时发送消息提醒，如图9-19所示。

图9-19　直播预告的提醒功能

（5）社区问答引流

利用贴吧、论坛等社区平台进行引流也是一种常用的营销推广方式，主播可以在这些平台上选择相关的问题进行回答，然后在答案中巧妙地留下自己的联系方式或直播链接。这样做既帮助了受众，又可以把流量引入直播间，可谓一举两得，这也是软文推广的形式之一。常见的社区问答网站有百度贴吧、百度知道、百度经验、天涯论坛、知乎问答等。图9-20所示为知乎问答社区的首页界面。

图9-20　知乎问答社区

第 10 章

变现运营：
多元化的盈利模式

本章主要介绍直播变现的盈利方式和直播变现的策略两部分，直播的盈利方式主要讲述了粉丝打赏、电商导购、承接广告、会员付费、内容付费、游戏付费、版权发行、企业赞助等13个方式，之后讲述了3条直播变现的策略，帮助用户更好地实现直播变现。

10.1 变现：13种直播盈利方式

直播的一切步骤和措施最终的目的只有一个，那就是实现商业变现，那么直播的流量变现方式究竟有哪些呢？本节总结了13种常见形式，比如粉丝打赏、电商导购、承接广告等，为主播进行变现运营提供方法。

10.1.1 打赏：通过粉丝送礼获益

打赏与卖会员、VIP等强制性付费模式相比，它是一种截然相反的主动性付费模式，在主播发布直播内容时，粉丝主动为主播进行付费，完全自愿。当然，在直播中想要获得更多粉丝的付费鼓励，除了需要提供优质的内容外，也需要一定的技巧。相比较而言，视频直播的打赏缺乏理性。同时这种打赏很大程度上也引导着直播平台和主播的内容发展方向。

粉丝付费鼓励与广告、电商等变现方式相比，其用户体验更好，但收益无法控制，不过对于直播界的超级网红来说，这些方式获得的收益通常不会太低，而且可以短时间创造大量收益。

粉丝付费鼓励的连接入口一般都位于页面右侧或下方，以虎牙直播PC端为例，在直播页面的右下方点击所选择的礼物，即可进行打赏，如图10-1所示。

图10-1　虎牙直播PC端礼物打赏入口

对于主播而言，打赏是一种主要的盈利变现模式，在直播中比较常见。粉丝付费鼓励的打赏形式包括两种：虚拟物品鼓励和直接现金鼓励。

其中，虚拟物品鼓励多出现在视频直播中，其变现流程包括两个步骤，下面以斗鱼直播为例进行介绍。

➡ **步骤01** 进入斗鱼官网的个人中心，在"我的资料"中，用户等级的下方，显示了用户的鱼丸、鱼翅的数量，点击右侧"充值"按钮，如图10-2所示。

图10-2 虚拟货币充值

● 步骤02 弹出充值窗口,❶点击想要购买的鱼翅数量;❷选择你的付款方式;❸拿出手机打开选择付费的APP进行扫码,即可完成充值,如图10-3所示。

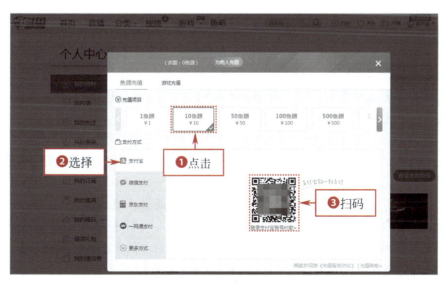

图10-3 点击鱼翅数量后选择付款方式

直播平台和主播之间会按照一定的比例对获得的礼物收入进行分成,图10-4所示为B站某主播的直播详情,从直播互动和贡献榜中可以看到粉丝打赏的礼物以及具体的收益统计。

图 10-4　主播获得的礼物收益

10.1.2　电商：利用主播带货变现

在直播领域中，很多都是与电商业务联系在一起的，特别是一些直播IP，他们在布局电商业务的同时，利用其本身的强大号召力和粉丝基础，以直播的形式吸引流量，进行带货和电商变现。

例如，淘宝直播就是一个以网红内容为主的社交电商平台，为明星、模特、网红等人提供更快捷的内容变现方式。淘宝直播的流量入口被放置在手机淘宝的主页下方，如图10-5所示。

在淘宝直播中，很多主播是美妆达人、时尚博主、签约模特等。另外，在其他的一些直播平台上，同样存在利用主播的高人气引导受众进入线上店铺进行购买的盈利变现模式，而且这种引流是跨领域的，甚至出现了游戏主播进行日常礼品的导流。

对于那些没有开店只是帮助商家推荐商品的淘宝主播而言，可以从商家那里获得佣金收入。在这种互联网电商模式下，直播主播充当了流量入口，为商家或自己的店铺提供了流量来源。

这种用互联网思维卖货的主播IP电商导流模式，可以更加精准地把握客户需求，流量成本更低、转化率更高，具有更多的变现优势。

图10-5 淘宝直播入口

影响电商变现的因素有商品上新速度、粉丝营销能力、供应链管控能力。此外，电商变现的优势包括商品销量高、发展速度快、营销能力强。

10.1.3 广告：通过植入产品变现

在直播领域中，广告是最简单直接的变现方式，主播只需要在自己的平台或内容中植入商家的产品或广告，即可获得一笔不错的收入，植入产品或广告变现模式适合拥有众多粉丝的直播节目和主播，主要包括以下两类，如图10-6所示。

图10-6 植入产品广告的变现模式

（1）硬广告

硬广告是指直接介绍商品或服务内容的传统形式的广告，一般通过报刊、广告牌、电视台等载体进行宣传。在广告学的理论中，硬广告和软广告并没有明确的定义和区分。随着互联网技术的发展，硬广告的呈现形式越来越多元化，比如打开网页时自动弹出的广告，如图10-7所示。

图10-7　打开网页时自动弹出的广告

不过，硬广告为大多数人所抵触，渗透力低，成本也比较高。主播在植入硬广告时要注意发挥其优点，避免缺点。

（2）软植入

所谓软植入就是把产品和服务具有代表性的试听品牌融入影视或宣传内容中，这种广告方式也叫植入式广告。它是随着电影、电视、游戏等的发展而兴起的一种新的广告形式，这种广告能达到潜移默化的宣传效果，给受众留下深刻的印象，还能减少受众对广告的抵触情绪。

图10-8所示为软植入广告的案例示范。

从案例中我们可以看出，商家非常巧妙地将脉动功能饮料产品植入到动漫中，使观众在观看动漫时在潜意识里记住这个产品，从而激发观众的购买欲望，达到了润物细无声的营销效果。

图10-8 软植入广告案例

10.1.4 会员：通过卖VIP变现

会员是内容变现的一种主要方法，不仅在直播行业比较流行，在其他行业也早已经是发展得如火如荼，特别是各大视频平台的会员制，比如腾讯、哔哩哔哩、优酷、爱奇艺等。如今很多视频平台也涉足了直播，他们将会员这一模式植入了直播之中，以此变现。

直播平台实行会员模式与视频平台实行会员模式有许多相似之处，其目的都是变现盈利。那么会员模式的价值有哪些呢？如图10-9所示。

图10-9 会员模式的价值

平台采用会员制的原因在于主播获得打赏的资金所占比例较高，一定程度上削弱了平台的利益，而会员模式无须与主播分成，所以盈利更为直接、高效。对于主播来说，可以通过微信来管理会员，针对付费会员开设专属直播间。

会员充值是直播平台盈利的方式，会员用户能享有更多的优惠福利。会员又分为平台会员和针对电商直播的店铺会员，会员的作用主要是增加用户的黏性。

在会员的背后主要是利用了"沉没成本"，是指人们做决策时对之前事物投入的成本，例如时间、金钱等因素。这样不可收回的成本很可能会增加人们继续投资的意愿。

当人们花费金钱进行会员充值时，对于自己已经消费的金额产生害怕浪费的心理，进而充分享受会员的权益，在一定程度上减轻了愧疚感和心理失衡。

(1) 平台会员

平台会员的权益可以根据用户的实际需求来设置，不同的会员等级享有不同的权益。例如，百度网盘的用户等级分为免费用户、会员、超级会员3种，它们所享有的特权各有不同，如图10-10所示。

图10-10　百度网盘3种不同用户等级特权对比

(2) 店铺会员

在电商直播中，会设置会员专属的福利，如图10-11所示，点击之后即可选择成为会员，领取福利券。

图 10-11　店铺会员入驻福利

10.1.5　付费：通过出售内容变现

在直播领域，除了打赏、受众现场订购等与直播内容和产品有着间接关系的盈利变现方式外，还有一种与直播内容有着直接关系的盈利变现模式，那就是优质内容付费模式，粉丝交付一定的费用再观看直播。当然，这种盈利模式首先应该基于3个基本条件：有一定数量的粉丝，粉丝的忠诚度较强，有优质的直播内容。

在具备上述条件的情况下，直播平台和主播就可以尝试进行优质内容付费的盈利变现模式，它主要出现在有着自有公众号的直播内容中，是基于微信公众号文章的付费阅读模式发展而来的。

关于优质内容付费的盈利模式，在尽可能吸引受众注意的前提下，主要可以分为3类，具体如下。

（1）先免费，后付费

如果主播有着优质内容，但平台直播业务的开展还处于初创期，需要先让受众了解平台和主播，可以先通过免费的方式让受众来关注直播内容和主播，积累一定数量的粉丝，然后再推出付费的直播内容。

例如，近几年比较火热的在线教育就是这种付费模式，讲师先通过腾讯课堂等平台直播讲解基础入门的公开课知识，如果受众对该系列的课程知识内容感兴趣想进一步深入了解和学习的话，就可联系相关老师，通过付费学习更深层次的VIP高级课程。图10-12所示为某教育机构的免费公开课直播详情；图10-13所示为付费VIP直播课程详情。

图10-12　免费公开课直播详情

图10-13　付费VIP直播课程详情

（2）限时免费

直播平台和主播除了提供免费的直播内容外，有时还会提供另一种免费方式：限时免费。一般是直播平台设置免费的方式和时间范围，意在说明该直播内容不是一直免费的，有时会以付费的方式出现，提醒受众注意关注直播动态和主播。图10-14所示为限时免费的直播课程案例。

图10-14　限时免费的直播课程

（3）折扣付费

为了吸引受众关注，直播平台也采取了打折的方式。它能让受众感受到直播节目或课程原价与折扣价之间的差异，当原价设置得比较高时，受众一般会产生一种"内容应该很不错"的心理，然而又会因为它的高价而退却，而折扣优惠就提供给了那些想看直播内容的受众一个很好的机会。

图10-15所示为折扣付费的直播课程案例。

图10-15　折扣付费的直播课程

10.1.6 道具：游戏装备购买变现

相较于其他直播而言，游戏道具的盈利模式明显不同，它的直播内容是免费的，但是当受众要参与其中成为游戏玩家而使用道具时，就需要进行购买了，当然，这也是游戏直播最大的盈利变现途径。

例如，图10-16所示为某游戏主播在哔哩哔哩直播平台的王者荣耀游戏直播。该直播向受众展示了英雄的皮肤特效，十分惊艳炫酷。而且玩过的玩家都知道，英雄皮肤不仅仅只是好看，还有属性加成的作用，这无疑大大激发了用户购买的兴趣。

图10-16　游戏直播中展示的游戏道具效果

直播可以激发游戏玩家购买游戏道具，因为道具收费本来就是游戏中传统的收费模式。如今通过直播的方式直接给用户呈现出使用了道具后的游戏效果，会给用户带来一种更直观的感受，让他更愿意去购买，而不是像以前那样犹豫到底值不值得买。

"游戏道具盈利"的关键点在道具上，之所以在游戏行业中引入了道具盈利模式，原因主要表现在3个方面。

① 用户基础：直播受众与游戏玩家高度重叠，有利于转化。

② 游戏刺激：通过直播直观地感受游戏带来的愉悦和刺激，让受众更有兴趣参与其中。

③ 实际效果：游戏道具在游戏中所具有的实际效果，通过游戏直播展示在了受众面前，刺激购买。

可见，在游戏直播中，刺激购买道具的盈利模式还是值得实践和尝试的，特别是在游戏中所需要和提供的道具种类繁多的情况下。一般说来，游戏平台和道具商城提供给游戏玩家的道具是按照其提升角色技能的特点来划分的。以王者荣耀为例，游戏道具有以下几种分类。

（1）局内道具

局内道具是MOBA类游戏专有的设定，主要是用于在游戏对战中购买，以提升游戏角色的战斗力，如图10-17所示。

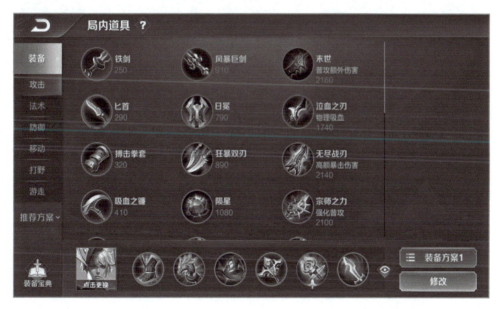

图10-17　局内道具

（2）点券购买

在大部分游戏中，我们是不能直接用现金购买游戏装备或道具的，需要先用钱购买其游戏里特有的虚拟货币，再用游戏币购买道具。图10-18所示为王者荣耀的点券购买页面。

（3）商城

点券充值之后，就可以在游戏商城购买英雄、皮肤或其他热门的游戏礼包，如图10-19所示。

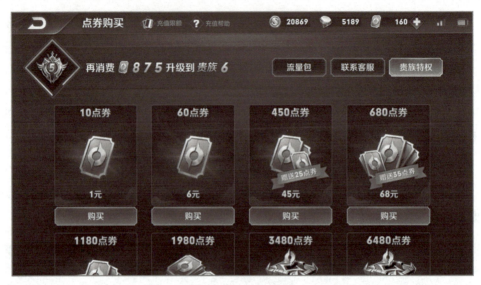

图 10-18　点券购买

图 10-19　商城

10.1.7　著作：出售版权获取收入

版权销售这一内容变现模式大多应用于视频网站、音频平台等领域，对于直播而言，主要在于各大直播平台在精心制作直播内容时引进的各种优质资源，比如电视节目版权、游戏版权等，而版权提供方可以获得版权收入。

对于直播行业中发展势头一直稳健的游戏直播来说,各大赛事直播的版权都是十分宝贵的,不亚于体育赛事。因为只要拿到了版权,就可以吸引大量的粉丝前来观看直播,而且赛事的持续时间较长,可以为直播平台带来巨大的收益。

10.1.8 赞助:企业平台联合直播

企业的赞助也是直播平台盈利的方式之一,一些企业为了提高自身的影响力和知名度,和直播平台合作进行联合直播。企业给平台提供赞助费,而平台给企业提供直播技术支持,帮助企业进行活动宣传。

例如,新华网联合某知名主播在抖音平台进行直播带货。图10-20所示为其宣传海报。

图10-20 联合直播

10.1.9 IP:建立个人品牌变现

网红变现是一种以网红为核心的相关产业链延伸出来的一系列商业活动,其商业本质还是粉丝变现,即依靠粉丝的支持来获得各种收益。网红变现模式适合有颜值、极具辨识度、有专业的策划团队、有精准粉丝群体的网红大咖。

网红变现模式的方法主要有3种,具体内容如下。

（1）卖个人影响力

通过网红的影响力来对接广告合作、做品牌代言人、做产品的代购等方式进行变现。

（2）建立网红孵化公司

大网红可以创建自己的公司或团队，通过培养新人主播，为他们提供完备的供应链和定制产品，孵化出更多的小网红，从而共同增强自身的变现能力。

（3）打造个人品牌

网红通过建立自己的品牌，让自身影响力为品牌赋能，产生品牌效应，促进品牌产品或服务的销售。

例如，某美食短视频作者兼主播，通过拍各种做美食的视频吸引粉丝和流量，再利用专业的团队运营和商业包装，成功地打造和建立了个人品牌和IP，并利用自身品牌的影响力实现商业变现。

10.1.10 卖货：通过带货实现变现

对于一些有着自己产品的企业和商家来说，其直播所产生的盈利主要还是集中于产品的销售方面，为直播吸引足够的流量，让流量转化为实际销量，这样的盈利变现模式就是受众现场订购模式。

现场订购模式适合有店铺、产品的商家，可以让自己变成主播，或者招募专业的主播以及跟网红主播合作，通过直播卖货增加产品销量。受众现场订购模式带给主播、企业和商家的是实际的现金流，而想要获得现金流就需要让受众下单购买产品。因此运营者有必要在直播中从以下两方面出发设置吸睛点吸引用户下单。

（1）在标题上设置吸睛点

在直播中加入一些能给你带来改变的词。例如，"早秋这样穿减龄10岁"，其中"减龄10岁"明显就是一个吸睛点；在标题中展现产品的差异点和新奇点，如"不加一滴水的面包"。采用这种方法设置直播节目标题，可以在很大程度上吸引更多的受众关注，此时只要直播推广的产品品质优良，那么离受众现场下单订购也就不远了。

（2）在直播过程中设置吸睛点

这一方法同样可以通过两种途径来实现。一是尽可能地展现优质直播内容的重点、核心以及产品的优异之处，让受众在观看的过程中受到启发，从而现场下单订购。如在淘宝直播上，当服饰、美妆产品的实际效果展现出来的时候，其完美的形象和功效就会促使很多人下单，甚至可能产生一分钟之内多次下单的情况。二是当直播进行了一段时间后，间断性地发放优惠券或进行优惠折扣，这样可以促使还在犹豫中的受众马上下单。

10.1.11 签约：依靠MCN盈利

MCN模式来自国外成熟的网红运作，是一种多频道网络的产品形态，基于资本的大力支持生产专业化的内容，以保障变现的稳定性。MCN网红变现模式适合各领域的头部、腰部或尾部网红或主播，90%以上的头部网红其背后都有一个强大的MCN机构在帮其包装运营。

主播要想打造MCN网红孵化机构，成为"捧起网红的推手"，自身还需要具备一定的特质和技能，详细内容如下。

① 熟悉直播业务的运营流程和相关事项，包括渠道推广、团队建设、主播培养、市场活动开发等。

② 熟悉艺人的运营管理，能够制定符合平台风格的艺人成长计划体系。

③ 善于维护直播平台资源，能够建立和优化直播的运营体系和相关机制。

④ 熟悉娱乐直播行业，对行业内的各项数据保持敏感，能够及时发现流行、时尚的事物。

随着新媒体的不断发展，用户对接收的内容要求和审美标准也有所提升，因此这也要求运营团队要不断增强创作的专业性。MCN模式逐渐成为一种标签化IP，单纯的个人创作很难形成有力的竞争优势。

加入MCN机构是提升直播内容质量的不二选择，加入MCN机构的好处主要有以下几点，如图10-21所示。

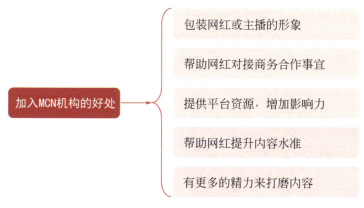

图10-21　加入MCN机构的好处

MCN 模式的机构化运营对于直播内容的变现来说是十分有利的，但同时也要注意发展趋势，如果不紧跟潮流，就很有可能无法掌握其有利因素，从而难以实现理想的变现效果。

10.1.12 分成：完成任务领取收益

有一些新的直播平台为了吸引主播入驻以及增加主播开播时间，通常会给主播提供一些有偿任务，主播完成任务后可以获得对应的平台扶持收益。主播任务变现的模式适合一些没有直播经验的新手。

例如，在抖音直播界面，主播可以点击右上角的"主播任务"图标，查看当前可以做的任务，包括直播要求、奖励和进度，点击任务还可以查看具体的任务说明，如图10-22所示。

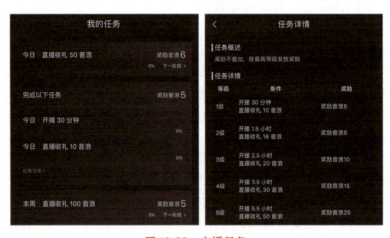

图10-22 主播任务

在直播过程中，主播可以使用有趣的礼物互动玩法，调动粉丝送礼的积极性，增加自己的收入。直播结束后，主播可以对直播间的数据进行分析，为下一次直播做优化调整提供有效依据，让直播变得更加精彩。

> **专家提醒**
>
> "音浪"是抖音平台上的虚拟货币，当前比例为1∶10，即1元等于10音浪。需要注意的是，提现时还需要扣除一定的平台抽成。

10.1.13 代言：推广企业品牌产品

形象代言变现模式是指主播通过有偿帮助企业或品牌传播商业信息，参与各种公关、促销和广告等活动的直播，帮助品牌促成产品的销售成交，并使品牌建立一定的口碑或美誉度。同时对于代言人来说，也会赚到巨额的代言费。形象代言变现模式适合一些明星、商界大腕或者自媒体人等大IP。

形象代言变现模式的收益主要依赖于主播个人的商业价值，包括形象价值、粉丝价值、内容价值、传播价值等方面，这也是主播提升收入的关键因素。互联网上有很多明星商务交易平台都会对当下热门的明星和网红进行商业价值估算，主播可以将其作为参考目标，从各个方面提升自己。

当大IP主播担任一个企业或品牌的形象代言人后，也需要在各种途径中来维护品牌形象，为品牌快速扩展市场，以证明自己的代言价值，而且还能使自己得到更好的发展。

10.2 策略：直播变现细节技巧

了解了直播变现的盈利方式后，给大家来讲解3个直播变现细节技巧，完善直播变现策略，帮助主播做好直播变现运营。

（1）充分展现优势

直播营销与以往营销方式不同的就是能够更加清晰直观地让用户看到产品的细节，从而让用户放心，并爽快购买产品。要做到这一点，商家就要在镜头前充分展现出产品的优势，具体为3点。

① 远景、近景都要展示。
② 充分展示商品的细节。
③ 根据用户请求展示产品。

例如，有一家专门卖彩妆、口红的店铺，在直播中，为了让用户看得更加清楚，主播将产品涂在手上试色，以便用户了解产品的效果。这个主播就做到了展示产品的3点要求，因此获得更多的店铺收益。

（2）体现物美价廉

在直播中体现物美价廉是吸引用户关注并下单的又一个技巧。比如，主播在直播时反复强调产品的外观和价格，用性价比来打动用户。这样能促使更多用户下单购买，因为谁都喜欢物美价廉的产品。

（3）融入场景表达

表达的主题并不是你的产品，而是直播内容的核心部分。就像在电影、电视剧里植入产品广告一样，电影和电视剧要表达的核心内容才是主题，即便是植入，也要尽可能和主题有所关联。下面从主题和道具这两个方面来介绍。

① 产品主题化。在直播时，我们需要先确定主题，然后根据主题策划内容，再将产品融入直播中。场景表达的主题需要与你的产品具有相关性，不然很难融入直播中。

如果你要表达的主题是舞蹈，那么你可以穿上店铺中销售的服装来展示舞姿；如果你要表达的主题是美食，那么你可以将店铺中销售的食品当成烹饪的食材，用店铺中销售的厨具进行烹饪，展现烹饪的场景。

② 产品道具化。将产品作为道具融入场景，可以更好地突显产品的优势，刺激用户的购买需求。因为这种融入能够从一定程度上弱化营销的痕迹，所以不会让用户产生反感。图10-23所示的视频中，就是将红包这种产品作为道具融入拜年的场景中。

图10-23　将产品作为道具融入场景